珍藏本
纪念版

汉译世界学术名著丛书

权威与个人

〔英〕伯特兰·罗素 著

储智勇 译

商务印书馆
SINCE 1897 The Commercial Press

2017年·北京

Bertrand Russell
AUTHORITY AND THE INDIVIDUAL
Routledge, 1996
本书根据英国卢德里奇出版社 1996 年版译出

汉译世界学术名著丛书
（120年纪念版·珍藏本）
出 版 说 明

2017年2月11日，商务印书馆迎来120岁的生日。120年前，商务印书馆前贤怀揣文化救国的理想，抱持“昌明教育，开启民智”的使命，立足本土，放眼寰宇，以出版为津梁，沟通中西，为中国、为世界提供最富智慧的思想文化成果。无论世事白云苍狗，潮流左右激荡，甚至战火硝烟弥漫，始终践行学术报国之志，无改初心。

逐译世界各国学术名著，即其一端。早在20世纪初年便出版《原富》《天演论》等影响至今的代表性著作，1950年代后更致力于外国哲学和社会科学经典的译介，及至1980年代，辑为“汉译世界学术名著丛书”，汇涓为流，蔚为大观。丛书自1981年开始出版，历时三十余年，迄今已推出七百种，是我国现代出版史上规模最大、最为重要的学术翻译工程。

丛书所选之书，立场观点不囿于一派，学科领域不限于一门，皆为文明开启以来，各时代、各国家、各民族的思想与文化精粹，代表着人类已经到达过的精神境界。丛书系统译介世界学术经典，引领时代思想，为本土原创学术的发展提供丰富的文化滋养，为推动中国现代学术和现代化进程做出了突出的贡献。

为纪念商务印书馆成立120周年，我们整体推出“汉译世界学术名著丛书”120年纪念版的珍藏本，寄望既利于文化积累，又便于研读查考，同时向长期支持丛书出版的译者、编者和读者致以敬意。

两甲子后的今天，商务印书馆又站在了一个新的历史时间节点上。我们不仅要铭记先辈的身影和足迹，更须让我们的步伐充满新的时代精神。这是商务人代代相传的事业，更是与国家和民族的命运始终紧密相连的事业。我们责无旁贷，必须做好我们这代人的传承与创造，让我们的努力和成果不仅凝聚成民族文化的记忆，还能成为后来人可以接续的事业。唯此，才能不负前贤，无愧来者。

商务印书馆编辑部

2017年10月

目　录

卷首语

在准备这些演讲的过程中，不仅在细节方面，而且在总体的观念以及把它们应用于当前的境况方面，我一直得到我的妻子帕特丽夏·罗素的至关重要的帮助。

导　言

在将近50年的岁月里，[①]里斯讲座在现代英国文化生活中一直享有独特的地位。讲座按照惯例在深秋和初冬时节举办，它们是向英国广播公司的创始负责人约翰·里斯[②]表示敬意。里斯傲慢、专横、具有报复心，是一个专制的管理者和让人畏惧的人物，他既极大地挫伤过下属以及主管们的情感，又非常成功地创立了英国最令人赞赏和最持久的机构之一。里斯坚持认为，英国广播公司应让它的听众享受到最杰出的演讲者对最广泛的主题所做的论述。里斯讲座忠实地贯彻执行了上述主张，其挑选演讲者的标准始终是，他们兴趣广泛，精通自己讲述的论题，以及能够不费力气地使困难的论题对广大听众变得易于理解。因此，从1948年起，英国公众得以受到人类学家和动物学家、天文学家和外交家、艺术史家和经济学家、神学家和企业巨头们的启迪。

里斯讲座要成为一项非常持久的事业，这无疑是讲座的创办者英国广播公司董事会的雄心所在——即便老实说，这并不是它的期望。对董事会来说，在战后调整时期艰难的早期岁月里，创办

① 这个导言写于1995年，距里斯讲座开办已近50年。——译注

② 约翰·里斯(1889—1971)，1922年任英国广播公司经理，1927—1938年任董事长。——译注

这一讲座并不仅仅是为了向里斯致敬，更重要的，是为了促进对一个迥然不同的世界的理解，这是一个由工党政府和原子能、欧洲复兴和超级大国竞赛、帝国主义挑战和经济衰退构成的世界。他们雄心勃勃，确实想创办一个一年举办一次的广播版的吉福德讲座[①]——一个由英国最富原创性的思想家和最有创造力的研究者主持的、面向广大听众的、通俗易懂的讲座。为了进行首场该系列讲座，并由此不但定下讲座的调子，而且确立讲座的信誉，董事会邀请了英国最著名的公共知识分子——伯特兰·罗素。

20 世纪英国文化和思想精英所宠爱的这样一种地位，既令罗素感到愉快，同时也使他感到新奇。在罗素特别漫长的一生中，其学术、政治和个人声誉一直都（并且将继续）剧烈起伏，而紧随二战结束之后的那个 10 年，是他具有公共威望的少有的时期。1872 年，罗素生于一个非常显赫而且稳定的英国辉格党贵族世家，在大战爆发前的 20 年里，他就已经获得了思想上的声望。在剑桥专门为他设立的逻辑学和数学哲学讲席上，他有着 20 年不间断的思想成就。其间罗素的著作包括《论几何学基础》（1897）、《对莱布尼兹哲学的批评性解释》（1900）、《数学的原理》（1903）、《哲学问题》（1912）、《数学原理》（3 卷本，1910—1913），以及超过 30 篇在英国、法国、意大利和美国刊物上发表的重要论文，他的名气已经很大了，不仅是一位拥有罕见的复杂技术以及甚至更罕见的文体鉴赏力的令人肃然起敬的逻辑学家，而且是一项新的并且强有力的思想推理技术——分析哲学——的主要倡导者。一战前夕，罗素

① 吉福德讲座是世界上最著名的自然神学讲座。——译注

确实已经无可争议地成为了英语世界中最著名也最有影响的哲学家。

然而，大战的爆发改变了罗素的生活；如果说他的哲学著作给他带来了名望的话，大战则使他声名狼藉。尽管罗素从来不是一个典型的远离尘世的剑桥教书匠——他在1903年的关税改革运动以及始于1907年的妇女选举权运动中都很活跃，并且在1910年发起了一场不成功的议会竞选运动——但罗素依然不是一个公共人物。然而随着1914年夏英国不屈不挠地迈向战争，罗素首先投身于中立运动，随后则致力于反战运动——演讲、写作、组织协调和出谋划策。罗素并不是和平主义者，但他坚信，这场战争——而不是所有的战争——是一个错误；确实，这场战争冒犯了他所有的政治直觉和道德原则。随着战争深入，英国的参与扩展了，罗素的反对也加深了，他反对粗鲁地对待有良知的反战者，反对压制公民的自由权，也反对英国指挥官的铺张浪费。这一反对是尖锐的、不屈不挠的，也是非常不受欢迎的，这是罗素生命中独特的经历；不但各方面都情绪激愤，罗素因此而疏远了朋友，惹恼了同盟者，也激怒了当局，而且他意识到，战争确实受到了他的绝大多数同胞的支持，这使他震惊并感到迷惑。解释战争何以被接受——说明英国公众的好战和仇外，并探究他们为什么容易受到新闻巨头夸大宣传的影响以及他们对于政府集权趋势的漠不关心——在1918年以后的岁月里成了罗素核心的思想和政治工作。

两次大战间的年月由此目睹了一个非常不同的罗素，他投身于一种非常不同的工作当中。由于自觉地决心成为20世纪的伏尔泰，罗素立刻——并且常常以一种很公开的方式——投身到范围极其广泛的各种论题的讨论当中，努力重建社会和使个人重获新生，以避免再一次的军事灾难。演讲、写作、教书、旅行，罗素所派出来参战的并不是单个的探子，而是言语的大军——涉及政治理论[《自由之路》(1918)和《权力论》(1938)①]，涉及经济变迁[《工业文明的前景》(1923)]，涉及历史[《自由与组织1814—1914》(1934)]，涉及亚洲的未来[《中国问题》(1922)]，涉及俄国[《布尔什维主义的实践和理论》(1920)]，涉及教育[《论教育》(1926)以及《教育和社会秩序》(1932)]，涉及婚姻和性[《婚姻与道德》(1929)]，涉及数学[《数学哲学导论》(1919)]，涉及法西斯主义[《用什么方法去争取和平?》(1936)]，涉及科学[《原子初步》(1923)，《伊卡罗斯》(1924)②以及《科学世界观》(1931)]，涉及大众哲学[《心的分析》(1921)和《哲学概要》(1927)]，以及涉及宗教[《我相信什么?》(1925)]。尽管其中的很多著作和大多数作为补充的文章生命力并不长久，这些作品依然影响了广泛的读者，并且进一步加剧了罗素的恶名；确实，尽管他关于宗教、伦理和性的开明观点吸引着年轻、独立自主和自由思考的人，它们却同时冒犯了闲适、因循和墨守成规的人。

二战爆发之际，罗素正在美国教书。他渴望回到英国，并参与到对他广受欢迎的作品的辩论之中，而当时的英国政府却一直禁止他回国，政府实在太乐于记着他早期的反战观点和行为了，却不

① 全名为《权力：一个新的社会分析》(*Power, a New Social Analysis*)。——译注

② 全名为《伊卡罗斯或科学的未来》(*Icarus or the Future of Science*)。——译注

相信他当前的——也是相当诚恳的——关于支持对纳粹德国和法西斯意大利斗争的声明。他由此在美国一直待到1944年夏天——写作，演讲，教书，并且为《西方哲学史》(1945)——这将成为他最广为阅读的作品——准备大量的手稿。

罗素后来不仅回到了英国，而且回到了剑桥，不仅回到了剑桥，而且回到了三一学院——19世纪90年代他曾是这里的一名大学生，20世纪头10年则是一名教师，1916年也正是在这里，他被不能容忍他的反战观点的大学董事会所驱逐。受他原来的大学朋友而现在是三一学院院长的G. M. 特里维廉的邀请，罗素认可并且愉快地接受了提供给他的研究员职位，因为这是对先前那些不公正的一个纠正，也是对他持续作为20世纪一位杰出哲学家的一个证明。在盟军入侵法国的直接余波和打败德国的最后阶段回到英国，回到三一学院，回到牛顿所拥有的房间[①]，对于罗素意味颇多，他在20世纪30年代后期苦恼而悲观地离开了英国——对英国外交和防御政策的那些借口满怀愤怒，对国民政府在缓解弥漫性的社会和经济苦难方面的无能和不争充满沮丧，并且对是否将他的孩子作为英国国民来抚养也犹豫不决。但是1944年，那一低迷、不真诚的时代已经过去了，而紧接着的盟军的凯旋、工党的胜利以及《西方哲学史》在出版上的成功都一道振奋了罗素的精神，并且使他天生的适应力和乐观主义迅速成长起来。

在三一学院，罗素受到了老朋友们和那些少数未服兵役的学

① 牛顿(1643—1727)1667年被选为剑桥三一学院的研究员。罗素回到三一学院后，一直住在牛顿住过的房子里(参见[英]伯特兰·罗素:《罗素自传(第三卷)》，徐奕春译，商务印书馆2004年版，第43-44页)。——译注

生们的热烈欢迎。随着战争的结束，以及紧接着的工党的胜利和《西方哲学史》的成功，罗素发现自己已经被人们当成是名人。学院当局并不指望他去教书或者作演讲，而罗素却以一个72岁老人令人惊讶的活力和热情投身到这两项工作当中。让他高兴的是，他赢得了那些机敏而有悟性的听众。伦理学、认识论和哲学基础等方面的导论性讲座课程，使剑桥最大的报告厅爆满。这些讲座的要点出自他的《西方哲学史》(这本书本身很大程度上就是在美国的讲座的汇编)。罗素的讲座是令人难忘的表演——深入浅出，机智诙谐，挖苦嘲讽，主题广泛，插科打诨，充满了活力，试图立刻迷住听众，也试图体现出哲学研究的道德严肃性和思想的高贵性。对他在剑桥的听众以及遍布英语世界的读者来说，罗素——约翰·罗素勋爵的孙子，以及约翰·斯图亚特·密尔的教子——看来不仅很快和英国政治与文化的伟大传统建立了活生生的联系，而且也成为了战胜法西斯恶魔并粉碎了纳粹恐怖的西方文化的充分体现。罗素由此不被人们看作——他也不把自己看作——是一只牛虻或者一个叛逆，反而被人们看作是为欢欣鼓舞的英国——她现在决心要在过去那些牢固而持久的基础上建立一个全新的社会——增光添彩的人。

对罗素的独特名望和他新的稳健风格的欣赏，很快就超越了剑桥，这很大程度上是由《西方哲学史》不俗的销售业绩造成的——在经济短缺的英国，它的销量只是由于纸张的匮乏才受到了限制。罗素因此很快就发现自己成了英国议会以及外交部所钟爱的一名演讲者(这对任何一个生活在1916年的人来说都是不可想象的)；接下来几年，在它们的要求下，罗素游历了瑞士、挪威、德国和法国，以便就“文化与国家”以及“伦理和权力”这样一些主题发表演讲。

正是在恢复了名望的背景下，英国广播公司发现了罗素。在20世纪20年代和30年代，社会绝对无法接受罗素，里斯和他的继任者也一直把罗素看作是一个充满极端观点的危险激进分子而加以回避。现在，罗素显然更温和也更值得信赖，于是1944年末，他受邀出现在大众智囊节目[①]中。他的出场是如此成功，以至于他几乎立刻被邀请就“文明的未来”这一论题发表广播演讲，并在随后和J. B. S. 霍尔丹、弗里德里克·科普斯顿等一些知名人士展开辩论。让英国广播公司的策划和导演高兴的是，罗素被证明是一个近乎模范的广播员——精确守时、见多识广、生动活泼、富煽动性却并不过激。到1946年底，英国广播公司看来想要占有他，1947年1月，罗素已抱怨操劳过度，“因为英国广播公司极为喜欢我”。[②] 正是出于他的声望——既包括演播室里的声望，也包括演播室外的声望——他被邀请作为里斯讲座的开幕演讲者。

从1948年节礼日[③]开始的连续几个星期天的晚上，讲座举行了6次，每次半个小时的时间。这些演讲完全是事先写好的，并以罗素有些尖利却极为清晰的嗓音发表出来，这些演讲都致力于同一个主题，即“把进步所必需的那种程度的个人主动性和生存所必需的那种程度的社会凝聚力结合起来”是否可能，关于这个主题，

① 英国广播公司20世纪40年代播出的、邀请专家组成座谈小组讨论时事问题的一个节目。——译注

② 引自罗纳德·W. 克拉克：《罗素传》(伦敦，1975年版)，第496页。——原注

③ 圣诞节的次日，这一天应送礼物给雇员。——译注

罗素和其他自由主义思想家已经苦苦思考了很长时间。也就是说,罗素的演讲,既不是从一个正在进行的研究计划里所摘取的进度报告(就像 J. Z. 扬在 1950 年以及彼德·梅达瓦尔在 1959 年的演讲那样),也不是毕生学术或专业工作的最终陈述(就像伯纳德·洛福尔在 1958 年以及阿拉斯代尔·巴肯在 1973 年的演讲那样)。它们不如说是对个人与国家关系以及权力和权威在 20 世纪所采取的演化形式整整 40 年反思的产物。也就是说,罗素的讲座既没有对当前的研究进行总结,也没有提供新的结论或者展示新的研究思路。相反,这些讲座只是把他早期的思想精练了,把他在两次大战间的年月里探讨过的那些主题集中在了一起,反思了极权主义国家(既包括被打败的,也包括还存在的)的遗产,并解释了自由社会在 20 世纪剩下的年代里所面临的挑战。

就像罗素一开始在他的演讲里承认的那样,至少从 17 世纪起,国家权力("权威")和人类自由("个人")之间的适当平衡问题就一直处于自由主义政治理论的核心。但是罗素 1948 年非常直截了当地讨论了这些问题——这在很大程度上帮助了广大公众对这些问题的了解和认识。在英国本土,正如罗素的听众充分意识到的那样,1945 年艾德礼政府的上台,已经使英国开始了一个全新的进程——一个由国有化工业和教育改革、社会保险和国民医疗服务体系组成的进程,这个进程逐渐导致了政府当局对英国社会几乎每个方面的全面扩张。这种扩张——对于社会凝聚力、个体积极性以及个人责任——的含义恰恰处于激烈的,并且常常痛苦的全国性争论的中心,这一争论不仅涉及很多特殊立法项目的细节,而且涉及每个英国国民的价值观、行为以及期望。在英国之外，20 世纪 40 年代后期，苏联体制在东欧的建立，同样激起了关于极权主义国家本质以及增长中的国家控制的危险的激烈讨论，其中阿瑟·科斯特勒、卡尔·波普和乔治·奥威尔对这一讨论做出了令人难忘的贡献。因此，在讨论“权威与个人”这一主题时，罗素不仅提供了他自己长期积累的思考成果，而且也加入了一场热情洋溢并且引人注目的、具有最广泛可能结果的讨论之中。

阅读《权威与个人》，可以发现罗素充分展示了自己的特点，具有很强的说服力，他条理清晰、富于才智、严谨而不阴沉，考虑的不是为世界政府、地方政府的改革或者为关于自由的各种宪章提供详尽的方案，而是要消除困惑以及清楚地阐明许多基本原理。我们可以发现，作为一个精确的逻辑学家和有造诣的教师，罗素向我们说明了在得以明智地形成这样一些方案之前所必须追问的那些问题的性质。罗素由此带领他的读者穿越了诸如社会的形成和目的，正义的本质和功能，教育的范围和道德准则的演进，社会、经济和思想进步的机制等这样一些永恒并且也许带有根本性的论题。而且，他是着眼于当时的现实来这样做的：着眼于技术进步——这些技术进步既提高了国家监管和强制的能力，又缩减了个人抵御权力的能力，着眼于战争形式的变化——这些变化预示着错误的侵略会带来核末日，以及着眼于广告、宣传、媒体技术的创新——这些创新有可能削弱我们为自己着想的能力和愿望。在他第六讲的结尾，罗素由此为我们深刻地分析了当代西方社会所面临的思想、政治和道德挑战，严正地警告我们以其所有伪装而出现的权威所具有的无孔不入的力量，并再次令人鼓舞地重申，人类自由不仅本身就是目的，而且也是人类进一步发展的手段。

无论以什么标准来看，第一次里斯讲座都是一次巨大的成功。

当然，约翰·里斯从来不是一个容易讨好的人，他抱怨罗素讲得“太快了”，而且“嗓音也不好”。[①] 然而批评者和听众却给予了较多的赞扬。老朋友、原来的对手以及很多不知名的仰慕者给罗素写了大量信件，他们几乎所有人都同意 T.S.艾略特的判断，即罗素是“能写英文散文的不多的在世作家之一”，并赞成《泰晤士报》的评价，即这一演讲标志着“广播史上的另一个里程碑”。[②] 1949年暮春，当这些演讲稍作修改后的版本以《权威与个人》一书的形式出版时，它既赢得了批评性的赞许，也赢得了很大的销量，在一直持续到夏天的时间里，这本书每周的销量达到了 500 本。

正如这种有人发表批评意见但讲座受到广泛欢迎的令人满意的局面所清楚表明的，《权威与个人》这本小册子对于它的时代是及时而有力的，既证明了英国广播公司选择的正确性，也证实了罗素被重新发现的威望。此外，当我们这个动荡不安的世纪就要结束的时候，它对于权威的要求和自由的需要之间不可避免的紧张关系所作的有力而详尽的阐述，反而增加了其打动人心的力量。就它的雄心而言，就它的分析所具有的智慧而言，以及就它的结论的启发性而言，《权威与个人》对我们仍然是雄辩而有说服力的。

柯克·威利斯

佐治亚大学

① 查尔斯·斯图亚特等:《里斯日记》(伦敦，1975 年版)，第 464 页。——原注

② 艾略特 1949 年 6 月 10 日致罗素的信，载《罗素自传，1944—1967》(伦敦，1969 年版)，第 52 页(中译参见[英]伯特兰·罗素:《罗素自传(第三卷)》，徐奕春译，商务印书馆 2004 年版，第 63 页);《泰晤士报》的引语引自卡罗琳·摩尔海德:《伯特兰·罗素》(伦敦，1992 年版)，第 460 页。——原注

第一讲　社会凝聚力与人性

在这些演讲里，我打算考虑这样一个根本问题：我们怎样才能把进步所必需的那种程度的个人首创性和生存所必需的那种程度的社会凝聚力结合起来？我将从人性中的各种冲动入手，正是这些冲动使社会合作成为了可能。我首先考察这些冲动在非常原始的社会里所采取的各种形式，然后考察不断进步的文明中逐渐变化的社会组织所带来的各种适应性。接下来，我将讨论在不同的时代和地区里社会凝聚力的范围和强度，它们导致了今天的社会以及这些社会在不久的将来进一步发展的各种可能性。在探讨了使社会结合在一起的各种力量之后，我将着手讨论人类社会生活中的另一个方面，即个人首创性，说明它在人类进化的不同阶段曾经发挥过的作用，它在今天发挥的作用，以及未来在个人或者群体中首创性过多或者过少的各种可能性。随后，我还将探讨我们时代的一个基本问题，即由现代技术所引发的在组织和人性之间的冲突，或者换一种说法，经济动机和创造以及占有冲动的分离。在论述了这一问题以后，我将考察为了解决这一问题，我们能做些什么，最后，我将把个人的思想、努力以及想象力同社会权威之间的总体关系作为一个伦理问题来思考。

在包括人类在内的所有社会性动物中，合作与结群具有某种本能的基础。这在蚂蚁和蜜蜂身上最充分，它们显然从来没有想过要做反社会的行为，也从来不会背离对蚁巢或者蜂群的忠诚。在某种程度上，我们可以赞赏这种对公共责任的不渝的忠诚，但是它也有其缺陷；蚂蚁和蜜蜂不能制作伟大的艺术品，也不能做出科学发现，或者创立宣扬所有蚂蚁都是姐妹(all ants are sisters)的宗教。它们的群居生活实际上是机械、呆板和静态的。我们宁愿人类生活具有一种动荡的因素，如果我们由此能够避免这种进化上的停滞的话。

早期人类是一个脆弱并且稀少的物种，他的生存最初是不稳定的。在某个时期，他的祖先从树上下来，失去了适于攀缘的脚趾的优势，却获得了胳臂和手的便利。由于这些变化，他们获得了一种好处，不必继续生活在森林里，但是另一方面，他们所分布的广阔空间所提供的食物却没有他们在非洲热带丛林里所享有的那么充足。亚瑟·基思爵士[①]推测，每个原始人需要 2 平方英里的土地来为自己提供食物，其他一些权威人士提出的所需土地面积甚至还要大。根据类人猿以及幸存至今的大多数原始共同体来判断，早期人类一定曾经生活于比家庭大不了多少的小群体中——这些群体的人数，根据推测，我们可以说大约在 50 到 100 人之间。在每个群体内部，似乎都有相当多的合作，但是对同类的其他所有群体，一发生接触，就总是存有敌意。只要人类仍然稀少，和其他群体的接触就总是偶然性的，而且大多数时候，也并不是很重要。

① 亚瑟·基思(1866—1955)，英国解剖学家和体质人类学家，对人类化石有专门研究，从事人类早期形体的修复工作，1921 年受封为爵士。——译注

每个群体都有它自己的领地，冲突只是在边界上发生。在那些早期时代，婚姻看来一直都限于群体内部，这样一来，必定会有大量的近亲繁殖，而各种变异，无论是怎样产生的，都会永久化。如果一个群体在数量上达到这样的程度，以至于它现有的领地已经不够用了，它可能会和某个相邻的群体发生冲突，可以想见，在这样的冲突里，一个近亲繁殖的群体已经获得的超出其他群体的生物学上的优势，会使它获胜，并因此使它那有利的变异永久保持下去。亚瑟·基思爵士已经非常令人信服地说明了这一切。显然，我们早期的、初有人性的祖先，不可能依据一种深思熟虑的策略来做事，而必定一直是被一种本能的机制所驱使，这是一种由部落里的友谊和对所有其他人的敌意组成的二元机制。由于原始部落非常小，每个人都相互熟知，这样一来，友好情感的范围就与相互熟知的范围是相同的。

各种社会群体中最牢固而且最受本能驱使的，过去是，并且现在仍然是家庭。由于有很长的婴幼期，并且由于幼婴的母亲在食品采集工作中受到了很大妨碍这一事实，家庭在人类当中是必不可少的。人类的这种状况，和大多数鸟类的状况一样，使父亲成为家庭群体中的一个非常重要的成员。这必定曾经导致了一种劳动分工，在这种分工里，男人狩猎而女人待在家里。从家庭到小部落的转变在生物学上大概和这一事实相关，即部落如果合作的话，狩猎将会更有效率，并且从很早的时候起，部落的凝聚力就必定已经由于同其他部落的冲突而得到增强和发展。

已经发现的早期人类和半开化人类的众多遗存，目前足以提供一幅从最先进的类人猿到最原始的人类各个进化阶段的相当清楚的图画。迄今为止发现的、最早并且确信无疑的人类遗存估计属于大约 100 万年前的时期，但是这个时期之前的数百万年里，看来就已经有了生活在陆地上而不是生活在树林里的类人猿。可以确定这些早期始祖进化状况的最突出的特征是脑的大小，它增长得非常快，直至达到它今天的容量，但是现在则近乎停滞了几十万年。在这几十万年里，人类在知识方面、在习得的技能方面以及在社会组织方面都有了进步，但是就可以判断的范围而言，先天的智能却没有提高。那种纯粹生物学上的进步，就它可以从骨骼方面推测的而言，在很久以前就完成了。由此可以想象，我们先天的智力才能，相对于我们的所学，和新石器时代的人并没有很大差别。我们似乎仍然具有那些本能，它们使人类在他们的行为变得深思熟虑以前，带着一种对内友好和对外敌视的明显对立，生活在小的部落当中。从那些早期时代就已出现的各种变化，不得不部分程度上依赖这种原始的本能基础，以及部分程度上依赖有时几乎从未意识到的集体自利感作为它们的驱动力。造成人类社会生活中的压力和紧张的事情之一，是人们在一定程度上有可能意识到，某种并非由自然本能驱使的行为可能具有理性基础。但是当这样的行为过于严重地扭曲了自然本能时，自然就以生出倦怠或者产生破坏来进行她的报复，而这两者中的任一种都可能使受理性激发的那一体系崩溃。

社会凝聚力，始于对群体的忠诚（这种忠诚由于对敌人的恐惧而得到加强），并通过部分出于本性、部分深思熟虑的进程而发展，直到它形成我们今天所知的像国家这样巨大的聚集体。对于这些进程而言，很多力量都起了作用。在很早的阶段，对群体的忠诚一定是通过对领袖的忠诚来强化的。在一个大的部落里，即使平民个体常常互为陌路，酋长或者王却可能为每个人所熟知。这样一来，和对部落的忠诚相对的对个人的忠诚，就使群体的规模在不损害本能的情况下获得增长成为可能。

在某个特定阶段，进一步的发展出现了。战争，最初是灭绝性的战争，逐渐变成了——至少部分程度上变成了——征服性的战争；被征服的人不再被处死，而是被当作奴隶，并被迫为他们的征服者做苦工。当这种情况发生时，一个社会里就开始有了两种人，一种是部落的原始成员，只有他们是自由的，并且熟谙部落精神；另一种是臣服者，他们的服从是出于恐惧，而不是出于本能的忠诚。尼尼微和巴比伦统治着辽阔的领土，并不是因为其臣民对实行统治的城市有什么本能的社会凝聚意识，而只是由于其在战争中表现出的勇猛所引起的恐惧造成的。从那些早期时代直到今天，战争一直是扩大社会规模的主要手段，而恐惧也日益取代部落的休戚与共感成为社会凝聚力的源泉。这一变化并不限于那些大的共同体；它也发生在，比如说斯巴达，在斯巴达，自由民只是一个少数群体，而希洛人则被残酷压迫。在整个古代，斯巴达都因它令人羡慕的社会凝聚力而被人们赞颂，但是除了恐惧所造成的表面忠诚以外，这种凝聚力从来没有试图包括全体人民。

在后来的文明发展阶段中，一种新的忠诚开始逐渐形成；这种忠诚不是基于领土的相近或者种族的相似，而是基于信仰的一致。就西方来说，这似乎是从已经承认奴隶处于平等地位的奥菲斯教[①]团体开始的。除了它们以外，古代的宗教和统治联系得非常

① 古希腊神秘宗教，相传是奥菲斯所创立。——译注

紧密，以至于有着共同信仰的教友群体和在旧有生物学基础上发展起来的群体在很多方面完全相同。但是信仰的一致已经逐渐成了一种越来越强的力量。它在军事上的力量首先由伊斯兰教在7世纪和8世纪的征服中显示出来。它也为十字军东征和宗教战争提供了动力。在16世纪，各种神学上的忠诚往往超越对民族的忠诚：英国的天主教徒常常和西班牙站在一边，法国的胡格诺教徒[①]则和英国站在一起。在我们自己的时代，两种广为流传的信仰囊括了绝大多数人的忠诚。其中之一是共产主义信仰，它具有强烈的狂热优势，并体现于一本圣书(a Sacred Book)之中。另一种信仰，虽然没有那么明确，但仍然是强有力的——我们也许可以称之为"美国生活方式"。美国是由来自很多不同国家的移民组成的，它不存在生物学上的统一性，但是它却有着和欧洲国家完全一样强大的团结。就像亚伯拉罕·林肯说的那样，它"奉行一切人生来平等的原则"。来到美国的移民常常饱受对欧洲的思乡之苦，但是他们的孩子却多半认为美国的生活方式比旧世界的生活方式更好，并且坚信，这种生活方式如果普及开来，将会有助于人类的福祉。在美国和俄国，信仰的一致和民族的团结是结合在一起的，并由此获得了一种新的力量，但这两种相互竞争的信仰都有一种超越其国家边界的吸引力。

在我们的时代，对大群体的忠诚是强有力的，在主观上也令人满意，就此而言，它仍然利用了在小的部落时代进化出的那种古老的心理机制。自从人类最初开始具备我们通常所具有的脑容量的

① 胡格诺教派是16—17世纪法国的新教派别。——译注

时代以来，和那些由学校、宗教、宣传和经济组织所造就的事物相比，先天的人类本性并没有多大变化。我们本能地把人类区分成朋友和敌人——对于朋友，我们有合作的道义；对于敌人，我们则有抗争的道义。但是这种划分也在不断变化；有时候，一个人会仇恨他生意上的对手，而在另一个时候，当他们都受到社会主义或者一个外部敌人威胁时，他会马上开始把对方看作是兄弟。一旦超出家庭的界限，始终是由外部的敌人为我们提供凝聚起来的力量。在安全的时候，我们可能会仇恨我们的邻人，但是在危险的时候，我们却肯定会爱他。大多数时候，人们并不喜欢那些在公共汽车里、坐在他们身边的人，但是在遭到大规模的空袭时他们却会。

正是这种情况，给设计世界范围的联合手段带来了难题。一个世界国家，如果是稳固地建立起来的，将不会有任何要害怕的敌人，并由此会因为缺乏凝聚力而处于崩溃的危险当中。两种伟大的宗教——佛教和基督教——一直都在寻求把对部落同伴自发的合作情感扩展到全人类。它们一直在宣扬人类的兄弟情感，而“兄弟情感”一词的使用表明它们正试图超越其源于生物学意义上的情感态度的自然边界。如果我们所有人都是上帝的子孙，那么我们就全都是一家人。但是实际上，在理论上采纳了这种信仰的人总是会觉得，那些没有采纳这一信仰的人并不是上帝的子孙，而是魔鬼撒旦的后代，于是仇恨部落之外的人的古老机制又回来了，并在一种和它最初目的相反的方向上，赋予这种信仰以额外的活力。宗教、道德、经济上的自利以及纯粹生物学意义上的生存追求，都为我们的智力提供了无可辩驳的、支持世界范围合作的理由，但是我们部落祖先遗传给我们的古老本能却会愤然而起，感到如果没有人可以仇恨的话，生活将会失去其滋味，而任何会喜欢像某某人这样一个无赖的人将是一个可鄙的小人，斗争才是生活的法则，在一个所有人都彼此相爱的世界上，将不会有任何让人期待的事情。因此，如果要实现人类的这种联合，就必须找到防止我们在很大程度上是无意识的原始残忍性的各种办法，这部分程度上要通过建立法律的统治，部分则要通过为我们的竞争本能找到各种无害的出口来实现。

这并不是一个容易解决的问题，也不是一个仅仅通过道德就能解决的问题。精神分析尽管无疑有它夸张甚至荒唐的地方，但是却教给了我们很多正确而有价值的东西。即使你用干草耙驱赶本性，它也还是要回来，这是一句老话，而精神分析则为这句话提供了注解。我们现在知道，过于违反本性冲动的生活是这样一种生活，它可能含有各种紧张的结果，这些结果完全可能像陷于被禁止的冲动中一样有害。过着违反本性生活的人，超过一定的程度，很可能会充满妒忌、怨恨以及所有的冷酷无情。他们可能会形成残忍的性情，或者另一方面，他们可能会完全丧失生活中的所有乐趣，以至于不再有能力做出任何努力。在那些突然和现代文明发生联系的原始人当中，已经观察到了后面这种结果。人类学家曾经描述过，以割取敌人的头颅作为战利品的巴布亚新几内亚土著，在被白人当局剥夺了他们通常的消遣之后，如何失去了所有的热情，并且不再对任何事情感兴趣。我并不想下结论说，他们应该被准许继续以割取敌人的头颅作为战利品，但是我确实想说，如果心理学家不辞辛苦，已经找到了某种无害的替代活动，那将是有价值的。各地的文明人，在某种程度上和巴布亚新几内亚土著一样，处于德行的牺牲品的境地当中。[①] 我们有各种侵略的冲动，也有各种创造的冲动，社会却禁止我们放纵它们，而它以足球赛和令人筋疲力尽的角力形式所提供的替代品是远远不够的。任何希望最终可能消除战争的人都应该认真思考这一问题，即如何无害地满足我们从一代代久远的原始祖先那里所承袭的各种本能。就我而言，我在侦探小说里发现了一个充分的排遣办法，我要么把自己当作杀手，要么当作追捕的侦探，但是我知道，对有些人来说，这种角色扮演的排遣过于温和了，对他们，应该提供一些更强烈的排遣。

我认为，如果没有竞争，普通人是不会幸福的，因为自从人类起源以来，竞争就一直是大多数重大行为的动力。因而我们不应试图消除竞争，而只是要注意让它采取并不极端有害的形式。原始的竞争是一种将会杀死另一个人及其妻儿的冲突；以战争形式出现的现代竞争仍然采用了这一形式。但是在运动、文学以及艺术竞争中，以及在立宪政治中，它采取的形式就几乎无害，并且仍然为我们那些好斗的本能提供了相当充分的宣泄出口。就此而言，问题并不在于这些竞争形式是不好的，而在于它们在普通男男女女的生活中扮演了过于无足轻重的角色。

除了战争以外，现代文明日益趋于安全，但是说消除了所有的危险就会迈向幸福，对此我完全没有把握。在这一点上，我想引用亚瑟·基思爵士的《人类进化新论》（*New Theory of Human Evolution*）中的一段话：

① 在这里，罗素的意思是指德行会扭曲人的本性。——译注

> 那些曾探访过生活于"野蛮正义"统治之下的民族的人，带回了关于生活在这种状况之下的土著的幸福生活的描述。例如，福雷亚·斯塔克这样报道南部阿拉伯半岛："当我在那个国家里安全已不复存在的地方游历之时，我发现一个民族尽管对他们充满无尽敲诈和掠夺的生活满怀悲痛，但仍然像这世上每个地方的人一样兴高采烈，并充满了日常的生活乐趣。"H. K. 福莱博士在澳大利亚原住民中也有类似经历。"一个处于未开化状态的土人"，他报道说，"生活于不断的危险当中，周围总是环绕着各种敌对情绪，而他仍然无忧无虑、兴高采烈……慈爱地对待他的孩子，体贴地对待年迈的父母。"我的第三个例子来自于美国的克劳印第安人，多年来，R. 劳里博士一直在观察他们的生活。他们目前在一块保留地里安稳地生活。"如果问一个克劳人"，劳里博士报告说，"他是愿意要现在这样的平稳生活呢，还是愿意要以前那样的危险，他的回答是——'以前那样的危险……因为那里面有光荣。'"我设想，我一直在描述的这些野蛮生活状况是人类在其整个最初进化时期的状况。正是在这样的状况里，人类的本性和特征得以形成，而这些状况中的一种就是血仇报复的习惯。

人类心理的这些结果说明了一些事情，至少对我来说，当我1914年第一次开始意识到它们的时候，这些事情是令人惊讶的。很多人在战争中比他们在和平时代要高兴，只要战争所带来的直接苦难并没有过于沉重地打击到他们个人。一种平静的生活很可能是一种沉闷的生活。一个循规蹈矩的公民忙于谦卑地谋得一种平庸的生活，他这种缺乏冒险的生存方式完全没能满足他本性中所有这样的部分——如果他生活在40万年以前，这部分本性本来会在寻找食物、砍掉敌人脑袋以及逃离虎口的过程中找到充分的发挥机会。当战争来临，银行职员可能会离开岗位，成为一名突击队员，他最终会感到，他正按照本性想要他那样的方式在生活。然而不幸的是，科学已经把如此强有力的、满足我们破坏本能的手段置于我们的掌握之中，以至于听任它们自由发挥作用，已不会再像人们被划分为很多小部落时所做的那样，服务于任何进化的目的。对于缓和我们无政府主义冲动的问题，一直以来都很少有人研究，但是随着科学技术的进步，这个问题变得越来越迫切。从纯生物学的观点来看，不幸的是，技术破坏性一面的发展远远要比创造性一面的发展更加迅猛。一个人片刻之间就可以杀死50万人，但是他却不可能比我们原始祖先的时代更快地生育儿女。如果一个人可以像他使用原子弹毁灭50万个敌人那样迅速地生育50万个子女的话，即使付出巨大的苦难代价，我们也可以把生物学上的问题留给为了生存的斗争和适者生存的原则来处理。但是在现代世界里，我们已经无法再依赖这一古老的进化机制了。

由此，社会改革者的问题就不仅仅是寻找安全的手段，因为如果人们发现这些手段并不能提供强烈的满足时，安全将会由于冒险所能带来的光荣而被抛弃。确切地说，问题是要把对人类所不可缺少的那种程度的安全和那些与文明生活方式相容的冒险、危险和竞赛的形式结合起来。在尝试解决这一问题的过程中，我们必须始终牢记，尽管我们的生活方式和我们的制度以及我们的知识已经经历了很多深刻的变化，我们的善与恶两方面的本能，很大程度上仍然保持着我们祖先的大脑最初发展成它们现在大小时的那个样子。我并不认为各种原始冲动和文明的生活方式是不可调和的，人类学家的研究已经表明，人类的本性对各种不同的文化模式都具有非常广泛的适应性。但我并不认为，这种适应性能够通过完全排除一切基本的冲动来实现。一种缺乏冒险的生活可能并不让人满意，但是一种允许采取任何冒险形式的生活却注定是短命的。

我认为，这一问题的本质大概已经由那个印第安人①（我不久前引用过他的话）指出了，他惋惜过去的生活，因为“那里面有光荣”。每一个有活力的人都向往某种能算作“光荣”的事物。有些人得到了它——电影明星、著名运动员、军事指挥官乃至少数政治家，但是他们只是很少的一部分人，而其他人则只不过是在做白日梦——电影的白日梦、狂野西部冒险故事的白日梦、纯粹个人对假想权力的白日梦。我并不是认为白日梦完全有害的那种人；白日梦是充满想象的生活不可缺少的一部分。但是如果在漫长的一生中，根本不存在把它们与现实联系起来的手段的话，它们将肯定会变得有害，并且甚至危及心智的健全。即使在我们这个机械呆板的世界里，要为今天被限制在幻想领域里的各种冲动找到某种现实的出路，也许仍然是可能的。出于稳定的考虑，我衷心希望这是

① 原文为 the Red Indian，即指印第安人，带有贬义。——译注

可能的，因为否则的话，破坏哲学将会不时扫荡各种最优秀的人类成就。要想避免这种状况，我们每个人身上的野性就必须找到某种同文明生活以及其他同样野蛮的邻人的幸福不相冲突的发泄出口。

第二讲　社会凝聚力与政府

最初的社会凝聚机制，就像今天仍然可以在最原始的种族中发现的那样，是通过个人心理来起作用的，而不需要什么被称作政府的东西。那时无疑存在着所有人都必须遵守的部落习俗，但是我们一定可以想象，那时并没有任何违反这些习俗的冲动，也不需要治安官或者警察来强制实施它们。在旧石器时代，如果说到权威的话，部落似乎生活在一种我们现在将会描述为无政府的状态当中。但是它和现代社会中的无政府状态是不同的，这是由于这样一个事实，即当时社会性的冲动足以控制个人的行为。新石器时代的人们已经完全不同了；他们有了政府，有了能强制人们服从的权威，也有了大规模的强迫性合作。这可以从他们的工程建设中得到证明；原始形态的小部落凝聚力不可能建成巨石阵[①]，更不用说金字塔了。社会单位的扩大想必主要是战争的结果。如果两个部落间发生了灭绝性的战争，获得了新领土的得胜部落便能增加它的人数。两个或者更多部落的联盟在战争中同样具有明显优势。如果使联盟产生的危险持续存在，联盟最终将会合并。当一

① 巨石阵是英国南部索尔兹伯里附近的一组史前石群，其修建原因至今仍是一个谜。——译注

个社会单位的规模过大，以至于它所有的成员无法互相了解时，就开始需要某种作出集体决策的机制了，并且这一机制将不可避免地逐步发展成现代人认为是政府的某种东西。一旦有了政府，一些人就比其他人有了更大的权力，而他们所拥有的权力，一般说来，取决于他们统治的社会单位的规模。权力欲由此将会使统治者们渴望征服。当被征服者不是被杀死而是被当作奴隶时，这一动机就会大大强化。由此，在很早的时候，社会就产生了，尽管在这些社会里，社会合作的原始冲动仍然存在，但是它们却由于政府惩罚那些不服从者的力量而大大加强了。在最早的完全有史可查的社会里，比如古埃及，我们发现，除了来自祭司集团的某些限制以外，国王在其辽阔领土上的权力是绝对的，我们也可以发现数量庞大的奴隶，国王可以为了像金字塔这样的国家事业而随意役使他们。在这样的社会里，只有社会等级顶端的少数人——国王、贵族和祭司——需要社会凝聚的心理机制；所有其他人不过是服从罢了。大部分人无疑是不幸的；我们可以从《出埃及记》前几章里获得对他们境况的描述。但是通常说来，只要没有外敌为患，这种普遍的苦难状况并不会妨碍国家繁荣，并且也不会损害掌权者的生活享受。在我们现在称作中东的整个地区，这种状况一定存在了很长时间。其稳定取决于宗教和君主的神性。不服从是不虔敬的，造反则可能招致神的怒火。只要社会上层真诚地相信这一点，其他人将只能像我们今天调教家畜那样被调教。

令人感到难以理解的是，军事征服常常会在被征服者中产生出一种对征服者的真诚效忠。这种情况在罗马大部分的征服中最终都发生了。5 世纪，当罗马已经无法继续强迫人们服从的时候，高卢人对帝国仍然保持着完全的效忠。所有古代国家都把它们的存在归功于军事力量，但是如果它们的存续足够长久的话，它们中的大多数将会产生出一种整体的凝聚意识，尽管在它们合并之际，很多地方仍然会发生暴力反抗。随着现代国家在中世纪的发展，同样的情况再次出现了。英国、法国和西班牙都是作为统治者军事胜利的结果而获得统一的，而这个统治者起初所统治的，只是这些单一国家的一部分。

古代所有大国，除了埃及以外，很大程度上都是由于技术方面的原因而遭受不稳定之苦。当没有什么比马儿跑得更快的时候，中央政府很难有力地控制边远地区的属官或者地方总督，这些属官和地方总督往往容易反叛，有时能成功地征服整个帝国，有时则作为帝国的一部分自立为王。亚历山大、阿提拉①和成吉思汗都曾拥有庞大的帝国，但是当他们去世的时候，帝国也就分崩离析了，在这些帝国里，统一完全取决于一位伟大征服者的威望。这些形形色色的帝国不存在心理上的统一，而只是武力的统一。罗马就好得多，因为希腊罗马文化是有教养的个人所珍视的，它和帝国边界外那些部落的野蛮主义形成了鲜明对比。在现代技术发明以前，要把一个大帝国团结在一起几乎是不可能的，除非帝国全境的社会上层都有了他们由以团结在一起的共同情感。产生出这种共同情感的方式在那时很少像它们今天这样为人所了解。因此，社会凝聚的心理基础仍然是重要的，尽管只是在统治的少数人当中才需要它。在古代社会里，规模大的主要好处是可以拥有庞大的

① 阿提拉(406—453)，匈奴人之王。——译注

军队，但是这种好处却被它不利的一面抵消了，因为把军队从帝国一处调往另一处需要花很长时间，而文职政府也没能找到各种防止军事叛乱的办法。在某种程度上，此种状况一直持续到近代。英国、西班牙和葡萄牙主要就是因为缺乏机动性而失去了西半球的领地。但是自从出现了轮船和电报，控制一大片领地就变得比原来要容易得多，自从普及性的教育出现以后，在大量的人口中灌输一种多少有些人为的忠诚也变得更容易了。

现代技术不仅促进了大的群体中的凝聚心理，它也从经济和军事方面使大的群体变得势在必行。大规模生产的种种好处已经是老生常谈，对此我不打算展开来说。众所周知，人们曾极力主张把它们作为西欧国家加强进一步联合的理由。尼罗河从很早的时候起就促进了整个埃及的凝聚，因为政府只要控制尼罗河上游，就可以破坏下埃及的土壤肥力。这里不牵扯任何先进的技术，但是田纳西河流域管理局和已被提议的圣劳伦斯河通航水路则是相同的河流凝聚效果在科学方面的延伸。向广大地区输送电力的中心电站已经变得越来越重要，并且地域大的时候要比地域小的时候更加有利可图。如果大规模使用原子能变得可行的话（这并不是不可能的），将极大增加输送能量可获利的区域范围。所有这些现代进步都增加了大型组织的统治者对个人生活的控制，与此同时，也使一些大型组织比很多小的组织更有生产力。如果不是整个地球的空间限制，在经济组织和政治组织里，规模所带来的种种好处是没有明显极限的。

我现在从另一个角度，对上述的政府发展做一个粗略考察。在历史上，政府对社会成员生活的控制是不同的，这不仅体现在政府管辖的范围方面，也体现在它对个人生活干预的强度方面。所谓的文明开始于那些典型的帝国，这些帝国中又以埃及、巴比伦和尼尼微最有名；阿兹特克和印加帝国基本上也属于同一类型。在这些帝国里，上层等级首先有了相当程度的个人主动性，而在对外征服过程中所获得的大量奴隶人口却完全没有。祭司阶层可以在很大程度上干预日常生活。在那些与宗教无关的地方，国王具有绝对的权力，并且能强迫他的臣民为他而战。国王的神性以及对祭司阶层的崇敬导致了一个稳定的社会——就埃及的情况来说，它是我们所知道的最稳定的社会。这种稳定是以僵化为代价的。这些古老的帝国开始变得刻板，以至于它们不再能够抵抗外来的侵略；它们被波斯吞并，而波斯最终也被希腊人打败。

希腊人完善了腓尼基人开创的一种新型文明，即以贸易和海上力量为基础的城邦文明。就公民被允许的个人自由度而言，希腊各城邦是非常不同的；在大多数城邦里，公民都有广泛的自由，但在斯巴达，自由则是绝对地少之又少。然而，大多数城邦往往都落入僭主的支配，并且在相当长的时期里，都存在着一个要由革命加以调节的专制政体。在城邦里，革命是不费力气的。反叛者只要跋涉数英里，就可以逃出他们想反叛的政府管辖的区域，而且总是会有一些敌对的城邦乐于帮助他们。在伟大的希腊时代，始终存在着一定程度的无政府状态，就现代观念来说，这种状态似乎是不可容忍的。但是希腊城邦的公民们，即使是那些反叛现行政府的人，都保持着一种原始的忠诚心理；他们由衷地热爱自己的城邦，尽管往往缺乏审慎，却几乎总是充满热情。我认为，希腊人在个人成就上的伟大是和他们在政治上的无能(political incompetence)

紧密相连的，因为个人激情的力量既是个人成就的根源，也是希腊无法保证团结的根源。希腊因此先是陷于马其顿，然后又陷于罗马的统治之下。

罗马帝国在它的扩张过程中，在各行省留下了很大程度的个人和地方自治，但是在奥古斯都执政后，政府实行了越来越强的控制，并最终，主要是由于严苛的税收，导致了整个体制在罗马帝国大部分地区的崩溃。然而，在残留下来的那些地方，控制并没有放松。正是由于对严密控制的反对，而不是其他原因，使得查士丁尼对意大利和非洲的再次征服都非常短暂。因为那些开始把他的军团当作使他们摆脱哥特人和汪达尔人[①]的救星来欢迎的人们，在看到这些军团后面还跟着一支征税大军时，便改变了他们的主意。

罗马统一文明世界的企图遭到失败，很大程度上也许是因为罗马和文明世界的联系既疏远（remote）而又格格不入（alien），它甚至没有给那些富足的公民带来任何满足其天性的幸福。在它最后的几百年里，悲观主义盛行，活力匮乏。人们感到，现世的生活几乎提供不了什么，这种情绪促使基督教将人们的关切集中于来世。

随着罗马的衰落，西方经历了一次非常全面的变革。贸易几乎停顿，著名的罗马道路年久失修，小国君主们彼此间战火不断，他们竭尽全力管理着狭小的领地，并且不得不同时面对着动荡的日耳曼贵族统治带来的政治混乱以及古老的罗马化了的居民愠怒

① 哥特人和汪达尔人是在公元初几个世纪里侵犯罗马帝国的日耳曼部落。——译注

的反感。大规模的奴隶制在整个西方基督教世界几乎消失了，取而代之的是农奴制。人们不再用庞大的船队把粮食从非洲运到罗马，和外界几乎没有联系的小的共同体努力依靠它们土地的出产维持生计。生活艰难而又困苦，但是却不再有罗马社会末期那种令人感到厌倦和无望的品性。在整个黑暗时代和中世纪，目无法纪的状况盛行，结果所有有思想的人都崇尚法律。渐渐地，目无法纪的状况所带来的活力恢复成一定的秩序，并使一批伟人能够创立一种新的文明。

从 15 世纪至今，国家针对个人的权力一直在持续增长，这首先主要是火药发明的结果。就像在早期无政府状态的日子里，大多数有思想的人崇尚法律那样，在国家权力日益增长的时期，存在着不断增长的崇尚自由的趋势。18 世纪和 19 世纪，强化对维持秩序所必不可少的国家权力方面取得了显著成效，尽管如此，也仍然给那些并不属于社会最底层的公民留下了很大程度的自由。然而，争取自由的冲动今天在改革者当中似乎已大大减弱；它已经被对平等的热爱所取代，这主要是由没有任何传统优势的新工业资本家的财富和权力的增长所激发的。而随时可能爆发全面战争的状态则已经使几乎每个人都相信，一种比曾经使我们的父辈心满意足的那种制度更牢固得多的社会制度是必不可少的。

在世界上大部分地区，似乎都存在着向古埃及神圣王权体制(它受一个新祭司阶层的控制)的复归。尽管这种趋势在西方不像在东方那么极端，然而若是 18 世纪和 19 世纪的英国和美国人看到了，也会大惊失色。个人主动性被国家或者强大公司限制了，因此就有了一种巨大的危险，即这种状况会像在古罗马一样，产生出一种倦怠感和宿命论，而这对充满活力的生活是灾难性的。我不断收到一些来信，信里说："我认为世界正处于一种糟糕的状态当中，但是一个卑微的个人又能做些什么呢？生命和财产都在少数人的控制之下，他们才能决定是战还是和。所有大规模的经济活动也都被那些控制着国家或者大公司的人所左右。即使在名义上享有民主的地方，一个公民在左右政策方面所能发挥的作用也通常是微乎其微的。在这种状况下，忘掉公共事务，并尽可能通过时代所允许的方式来行乐，难道不是更好吗？"我觉得这些信很难回，并且我确信，使人们写这些信的那种思想状况对健康的社会生活是非常有害的。作为纯粹规模方面的一个结果，政府变得越来越远离被统治者，并且倾向于——甚至在一个民主国家中——拥有它自己的独立生命。我并不自称知道如何彻底消除这一弊端，但是我认为，认识到它的存在、并找到各种减轻其危害程度的办法，是重要的。

社会凝聚的本能机制，即对一个其成员都彼此熟知的小部落的忠诚，和对一个巨大国家的忠诚确实相去甚远，在现代世界里，后者已经取代前者，而且即使是那些残存的较原始的忠诚，也可能会在一个应当前危险所需而建立的新的世界组织中消失。一个英格兰人或者一个苏格兰人能感受到对英国的本能忠诚：他可能知道莎士比亚对之说过什么；他知道这是一个具有完全天然边界的岛屿；他了解英国历史，不管怎样知道它是光荣的，并且他知道欧洲大陆上的人说着不同的语言。但是如果想要用对西方联盟的忠诚来取代对英国的忠诚的话，那么就需要某种超越国家边界的统一的西方文化意识；因为除此以外，只有一种心理动机适于这一目的，即对外敌的恐惧。但恐惧是一种消极动机，胜利的时候就不再起作用。如果把它和希腊人对本邦的爱相比，显而易见的是，当不存在直接而紧迫的危险时，那种仅仅以恐惧为基础的忠诚对普通男女的本能和激情的影响是多么微乎其微。

政府，从它存在的最早时代起就一直有两种职能，一种是消极的，另一种是积极的。政府的消极职能在于防止私人暴力，保护生命财产，制定刑法并保障其实施。但是除此以外，它还一直具有一种积极目的，即促使对大多数公民而言的共同愿望的实现。在大多数时候，政府的积极职能主要限于进行战争：如果能征服敌人并获得其领土，战胜国的每个人都会多多少少获利。但是今天政府的积极职能已经大大扩展了。首先是教育，不仅包括取得学术成就，也包括灌输特定的忠诚和信仰。这些是国家认为值得做的事情，或者退一步说，在有些情形下是被某个宗教团体所要求做的事情。其次是对大型工业企业的控制。即使在试图最大程度限制国家经济活动的美国，政府对这些企业的控制也在迅速增长。至于工业企业，从心理学的观点来看，在国家管理的企业和大型私营公司管理的企业之间并没有什么不同。在任何一种情况下，都有一个管理机构，这一机构实际上，如果不是有意的话，都远离它所控制的那些人。只有管理机构（无论是国家管理机构还是大型企业的管理机构）的成员才能保持个人的积极主动权，而且对管理机构来说，都不可避免地存在一种趋势，即或多或少都会像看待它们的机器那样来看待为他们工作的人，也就是说，仅仅看成一种必要的手段。顺利合作的愿望不断倾向于扩大单位的规模，并由此使那些仍然具有主动性的人数减少。从我们现在的观点来看，最糟的莫过于一种已经广泛存在于英国各领域的体制，在这种体制下，那些具有名义上的积极性的人永远被文官体制（这种体制有的只是否决之权而非开创之责，并由此养成了一种永远倾向于去禁止的消极心理）控制了。在这样一种体制下，有能力的人变得绝望，在一个更有希望的环境中本该充满活力的人变得倦怠和轻浮，由此国家的积极职能也就不可能活跃而高效地实现。实用昆虫学也许会带来比现在更大的利润，但这需要给大量昆虫学家配发薪水，而目前的政府却认为，像雇用昆虫学家这样有胆识的政策只能小心地使用。不用说，这是那些人的观点，他们养成了一种我们在不明智的父母身上可以看到的习惯——这些父母总是说“不要那么做”，却不会停下来考虑一下“那么做”是否会有什么伤害。在存在着间接控制的地方，这样的不幸是很难避免的，而在所有大型组织中，则很可能有大量的间接控制。

在稍后一讲里，我将考虑，要缓解这些不幸而又不丧失大规模组织不容置疑的优势，我们能做些什么。确实，目前权力集中的趋势太强烈了，以至于除非它造成灾难，才会遭到抵抗，而且就像5世纪所发生的那样，在人类能够重获一定程度的个人自由（没有这种程度的自由，生活将失去滋味）以前，整个体制必定会崩溃，并将伴随着无政府状态和贫困等所有不可避免的后果。我希望这不会变成现实，但是如果人们没有意识到这种危险，并且不采取有力措施与之抗衡的话，这无疑会变成现实。

上面简单描述了社会凝聚力在各个历史时代所发生的变化，从中我们可以观察到一种双重运动。

一方面，存在着一种周期性的发展，即从松散而原始的组织类型到逐渐更有序的政府(它拥有更广阔的领土,并且对个人生活的更多方面加以规制)的发展。在这一发展过程的特定时刻,当财富和安全近来有了巨大增长而较原始时代的活力和进取心又没有衰退之时,便往往在推进文明发展方面取得巨大成就。但是当新的文明已经定型,当政府已经有机会巩固自己的权力,当习俗、传统和法律已经建立起细致得足以窒息进取心的规则之时,社会就进入了一个停滞阶段。人们赞美前辈的功绩,却再也比不上他们;艺术变得因袭,科学也因为对权威的尊崇而被断送。

与僵化相伴随的这种发展类型,在中国和印度,在美索不达米亚和埃及,以及在希腊罗马世界里都可以看到。它们通常都是以外来征服作为结局:对于和原有敌人的战斗,人们有老练的准则,可是当新的敌人产生时,老迈的社会已经不能相应地采用新的、唯此才能带来安全的准则了。就像常常发生的那样,如果征服者还没有被征服者文明的话,他们很可能不具备管理一个庞大帝国或者在辽阔的领域里维持贸易的才能。结果,人口减少了,政府部门的规模缩减了,政府控制的强度也降低了。慢慢地,在一个新的、或多或少无政府的状态中,活力重新出现,一个新的循环开始了。

但是除了这种周期性运动之外,还有另一种运动。在每一次循环的顶峰,一个国家统治的区域比以往任何时候都要大,当局对个人实施控制的程度也高于先前任何一个最高点。罗马帝国比巴比伦和埃及帝国大,今天的各个帝国比罗马帝国更大。在过去的历史上,从来没有一个大国能像苏联或者甚至像西欧各国那样,完全控制它的公民。

既然地球的大小是有限的,如果不加制约的话,这种趋势最终必定会产生出一个单一世界国家。但是由于那时不会有对外敌的恐惧来增进凝聚力，这种古老的心理机制将不再适用。在世界政府的各种事务里，将不再有爱国主义的空间；没有憎恨和恐惧这些强大的动机，人们不得不在自利和善行中去寻找动力。这样的一个社会能持续下去吗？如果能持续下去的话，它能发展吗？这些都是很难回答的问题。要回答它们，就必须记住一些要考虑的因素，我将在接下来的几讲里指出这些因素。

我已经谈到了过去历史上的双重运动，但是我并不认为，我们所能发现的这些历史发展规律是确定的或者必然的。新知识可能会使事物的发展进程完全不同于它本来的样子，这就像，比方说，发现美洲所带来的结果那样。新制度也可能产生各种无法预见的结果：我认为，尤利乌斯·恺撒时代的罗马人根本不可能预见到天主教会这样的事情。19世纪，也没有谁，甚至包括马克思，预见到了苏联的出现。基于这些理由，所有关于人类未来的预言都只能被看作是值得考虑的假说。

我认为，虽然所有确定的预言都是轻率的，但记住还存在某些未必受欢迎的可能性则是明智的。一方面，长期的破坏性战争可能导致所有文明国家的产业崩溃，并造成一种小范围的无政府状态，就像罗马陷落后西欧流行的那种状况。这也将伴随着人口的急剧缩减，以及至少在一段时间里，我们认为代表了文明生活方式的许多活动的中止。但似乎有理由期待，就像中世纪所发生的那样，最起码的社会凝聚力终将恢复，失去的基础也将会慢慢重新获得。

但是，还有另一种危险，这种危险更可能出现。现代技术已经使增强政府控制的强度成为可能，在极权主义国家里，这种可能已经被非常充分地利用了。在战争的压力下，或者在战争的恐惧下，或者作为极权主义征服的结果，世界上某种程度的个人自由能幸存下来的地方可能会越来越少，而且即使在那些地方，自由也会越来越多地受到限制。没有多少理由认为由此产生的体制会不稳定，但它几乎肯定是呆滞和失去进步动力的。并且，它将会使古代的种种恶行复发：奴隶制、偏执、不宽容以及大多数人可怜的悲惨境遇。在我看来，这是一种不幸，提防这种不幸对我们具有极端的重要性。由于这一原因，眼下强调个人价值甚至比过去任何时候都更加必要。

防止另一种谬误也很重要。我认为，正如我一直在论证的，固然千百年来，人性中与生俱来的那些东西也许并没有什么改变，但是与生俱来的东西只是现代人精神结构的一小部分。我不希望什么人从我说的话里得出这样的推论：在一个没有战争的世界里将不可避免地会有本能的挫折感。瑞典从 1814 年起，也就是说，在大约 4 代人的时光，就一直没有战争，但是我想，没有谁可以断言说，没有了战争，瑞典人在他们本能的生活中就遭受了痛苦。即使人类成功地消除了战争，为满足冒险的爱好而寻找到其他发泄出口也并不困难。一度服务于生物学目的的一些原有的出口不再起作用了，由此新的出口也就必不可少。但是人性中并没有什么东西迫使我们服从持续的暴行。我们各种较为无序的冲动只有在被拒绝或者在被误解的时候，才是危险的。如果我们能够避免这种错误，使它们适应一个良好社会体制的问题就可以借助于才智和善意来解决。

第三讲　个性的作用

在这一讲里，我打算考虑社会中某些成员而非全体成员所具有的冲动以及欲望的重要性，既包括好的一面也包括坏的一面。在一个非常原始的社会里，这些冲动和欲望很少发挥作用。在狩猎和战争这些活动中，一个人可能比另一个人更成功，但是在这些活动中，所有人都有一个共同目的。只要一个人的自发行为是整个部落赞同并且共有的，其主动性就很少会受到部落里其他人的限制，甚至他最自发的行为也和公认的行为模式相符合。但是随着人类变得更文明，一个人的行为和另一个人的行为开始有了越来越多的差异，一个社会如果要繁荣的话，它就需要一定数量的、并不完全和一般类型相符合的个人。实际上，所有的进步，艺术上的、道德上的和思想上的，都取决于这些个体，他们一直是人类从野蛮状态向文明状态转变的一个决定因素。社会要进步，就需要一些不同寻常的个人，他们的行为虽然有益，却并不是应当普遍化的那种。在高度组织化的社会里，对这些个体的行为，始终有一种过度限制的趋势，但是另一方面，如果社会完全不加控制的话，产生出一个有价值的创新者的同一种个人主动性，却也可能产生出一个罪犯。这一问题，像我们关心的所有问题一样，是个平衡问题；自由过少带来停滞，过多则导致混乱。

一个个体可以有很多方面不同于他所在群体的其他大多数成员。他可能特别目无法纪或者犯有罪行，他可能具有罕见的艺术天赋，他可能具有终将会被确认为是宗教和道德方面新智慧的某种东西，他也可能具有非凡的智力。在人类历史上，从很早的时候起，看来就必定存在某种职能划分了。比利牛斯山洞穴里由旧石器时代人所创作的岩画已经具有非常高的艺术价值，我们几乎无法想象，那个时代的所有人都能胜任这项令人赞赏的工作。似乎更可能的是，当部落其他成员外出狩猎时，那些被发现具有艺术天赋的人有时则被允许留在家里作画。从很早的时候起，一定就已经开始根据真实的或者想象的特殊才能来挑选酋长和祭司了：巫医会作法，部落精神在某种程度上则体现于酋长身上。但是从最早的时候起就有一种趋势，即每一种这样的行为都会变得制度化。酋长变得世袭，巫医成了一个独立等级，而大家公认的诗人则成了我们的桂冠诗人[①]的原型。要认可我所提到的那些将做出非凡贡献的个人所必须具备的东西——也就是说，那些野性的因素，独立于群体的因素，由罕见的冲动所支配的因素（这些因素所具有的功用对每个人来说，并不总是显而易见的）——始终是困难的。

在这一讲里，我想从历史和现实两个方面来考察这种特殊的人与社会的关系，以及使他们这些难得的优点更易于产生社会效益的条件。我将首先在艺术领域，然后在宗教和道德领域，以及最后在科学领域来考察这一问题。

① 桂冠诗人是由英国国王或女王授予的优秀诗人称号，获得该称号的诗人成为拿薪俸的英国王室成员。桂冠诗人这一称号源自古希腊罗马时代用月桂枝叶编成冠冕授予竞赛优胜者的传统。——译注

我们今天的艺术家在公共生活中并不像他们在很多年前那样扮演着非常重要的角色。在我们的时代，人们往往鄙视宫廷诗人，认为诗人就应当是孤独的人，说的是市侩庸人们不想听的一些东西。历史上，情况则大不相同；荷马、维吉尔和莎士比亚都是宫廷诗人，他们吟诵着自己部族及其高贵传统的辉煌。（至于莎士比亚，我必须承认，这只在部分程度上是正确的，但是这对他的历史剧无疑是适用的。）威尔士的吟游诗人使亚瑟王的光荣流传下来，这些光荣继而又为英国和法国的作家所称颂；亨利二世国王则出于帝制的考虑鼓励他们。帕特农神庙与中世纪大教堂的辉煌和公共目的紧密相关。音乐尽管常常在宫廷生活中发挥作用，它的存在却主要是为了激发战争中的勇气——在柏拉图看来，这一目的应当由法律加以规定。但是除了苏格兰高地军团的风笛手之外，艺术家的这些古老的辉煌很少留存至今。我们仍然尊重艺术家，但是我们却把他们隔离开来；我们认为艺术是某种独立的事情，而不是社会生活不可分割的一部分。只有建筑师，因为他的技艺服务于功利目的，因而还保留着几分古代艺术家的那种地位。

艺术在我们时代的衰落，并不仅仅是由于艺术家的社会功能已经不像从前那样重要，而且也同样由于自发的喜悦已不再被认为是某种应该能让人享受的东西。在比较淳朴的人们当中，民间舞蹈和大众音乐仍然流行，很多人身上也多少有一些诗人气质。但是随着人们变得越来越工业化和组织化，孩子当中普遍存在的那种喜悦对成年人来说变得不可能了，因为他们总是想着下一件事情而无法让自己沉浸于此刻。对任何一种审美价值来说，这种想着“下一件事情”的习惯比任何其他能想到的思考习惯都更要命，在所有重要的意义上，如果艺术要生存下去，它就不能通过建立各种庄严的学院，而是要通过重新获得那种已经差不多被谨小慎微和深谋远虑毁掉的全身心的悲喜能力来实现。

传统上被认为是人类中最伟大的人，往往都是宗教和道德的革新者。尽管后世向他们致以敬意，但是在有生之年，他们大多数人或多或少都和自己的社会处于冲突之中。道德的进步，主要是由对各种残酷习俗的抗议以及扩展人类同情心范围的努力构成的。在整个历史时代早期，人祭风俗在希腊人当中就已经消失了。斯多葛派[①]教导说，不仅对自由的希腊人，而且对野蛮人和奴隶，以及实际上对所有人类都应该有同情心。佛教和基督教则把一种相近的学说广为传播。宗教（最初是部落凝聚机制的组成部分，它像促进内部合作那样促进了外部冲突）呈现出一种更普遍的特性，并力图超越原始道德已经设定的那些狭隘界限。宗教革新者在他们自己的时代如果遭人咒骂，这是毫不奇怪的，因为他们试图剥夺人们的战争快乐以及残忍的复仇嗜好。原始的残忍性曾经似乎是一种美德，现在则被说成是一种恶，并由此在道德和冲动的生活之间——或者不如说，在那些具有强烈人道冲动的人所教导的道德和那些对他们群体之外的人没有丝毫怜悯的人所偏好的传统道德之间——引入了一种深刻的两重性。

宗教和道德的革新者对人类生活有着巨大影响，不过必须承认，这并不总是他们想要的结果，但是无论如何，总的说来，他们产

① 古希腊罗马时期哲学派别，因讲学场所在“斯多亚”（stoa，意为“柱廊”）而得名，主张按照自然本性生活。——译注

生的是非常有益的影响。的确，在本世纪，我们已经看到，在世界一些重要地方，我们曾认为相当稳固的一些道德价值已经丧失了，但我们可以预期这种倒退不会持续下去。我们把逐渐出现的对奴隶制的厌恶、对战俘的责任感、对父权和夫权的限制以及认识到（无论这种认识多么不完善）臣服的种族不应仅仅为了其征服者的利益而被剥削，都归功于道德的革新者，是他们首先尝试将道德变成一种普遍的，而不仅仅是部落层面的事情。必须承认，由于原始残忍性的复发，所有的这些道德成果一直处于危险之中，但是我并不认为，它们所代表的道德进步最终会被人类丧失掉。

开创这种道德进步的先知和圣贤，在他们所处的时代多半不会受到尊敬，但是尽管如此，他们的工作却也不会被禁止。在现代极权主义国家里，情况却要比苏格拉底时代或者福音书时代糟得多。在一个现代极权主义国家里，一个其观点不为政府喜欢的革新者，不单单会被处死（对此，一个勇敢的人可能会置之度外），而且他的学说也会完全被禁止为人所知。在这样的社会里，革新只能来自于政府，而今天的政府和过去的政府一样，不可能会赞同任何有悖于其自身直接利益的事情。在极权主义国家里，像佛教或基督教兴起这样的事情几乎是不可能的，而且即便以最伟大的英雄气概，一个道德改革者也不会产生任何影响。这是人类历史上一个新的事实，这一事实是由对个人极度增长的控制造成的，现代管理技术已经使这种控制成为了可能。这是一个非常严峻的事实，它表明极权主义体制对每一种道德进步都必然有多么致命。

在我们的时代，一个拥有非凡能力的个人如果献身于艺术或者献身于宗教与道德改革，几乎不可能指望拥有像以前那样伟大的职业，或者获得像以前那样巨大的社会影响。但是仍然有 4 种职业对他是开放的；他可以成为一个伟大的政治领袖，就像列宁；他可以获得巨大的工业权力，像洛克菲勒[①]；他可以通过科学发现来改变世界，就像原子物理学家们所做的那样；或者，最后，如果他没有这些职业所要求的必备能力，或者如果缺乏机遇，他的能量会因为没有其他出路而驱使他走上犯罪生涯。在法律的意义上，罪犯对历史进程几乎没有什么影响，因此一个拥有勃勃野心的人将会选择其他职业，如果这种职业对他开放的话。

科学人士在国家中的地位逐渐上升，变得卓越而显赫，是一种现代现象。过去，像其他革新者一样，科学家也不得不为得到认可而斗争：一些人被流放；一些人被烧死；一些人被打入地牢；还有一些人则只是被烧掉了著作。但是慢慢地，人们认识到，他们能给国家带来力量。法国的革命者在错误地将拉瓦锡[②]送上断头台之后，又雇用了他那些幸存的同事来制造炸药。在现代战争中，所有文明政府都承认科学家是最有用的公民，如果他们能被驯服和劝诱，从而听任个别政府而不是整个人类支配的话。

从好坏两个方面来看，使我们的时代区别于以前时代的几乎一切事情都应归于科学。在日常生活中，我们有了电灯、广播和电影。在工业上，我们采用了应归于科学的机械和动力。由于劳动生产力的增长，我们已经能把比以前多得多的能量用于战争或者战备，并且我们也能使年轻人比我们以前在学校里待上更长的时

① 洛克菲勒(1839—1937)，美国石油大王。——译注

② 拉瓦锡(1743—1794)，法国化学家，被认为是现代化学的奠基人。——译注

间。由于科学，我们能够通过报纸和广播把信息或者讹误传递给几乎每个人。由于科学，我们能够让政府不喜欢的人要想逃走比以前难上加难。我们全部的日常生活和我们的社会组织变成现在这个样子都是由于科学。今天，这种巨大的发展完全由国家来支撑，但是最初它却是在对国家的反抗中发展起来的，在国家已经回复到一种较早模式的地方，比方说在俄国，如果国家不能够无所不能到一种以前的暴君做梦也想不到的程度的话，这种古老的反抗就会重新出现。

过去人们反对科学一点也不让人奇怪。科学人士所坚称的事情和每个人所相信的事情恰恰相反；他们颠覆了各种成见，并被人们认为是大不敬的。阿那克萨哥拉[①]教导说，太阳是一块炽热的石头，而月亮是由土构成的。由于这种不虔敬，他被赶出了雅典，因为太阳是一位男神而月亮是一位女神，这难道不是众所周知的事情吗？只是由于科学能够对各种自然力施加支配力量，才一点一点导致了对科学家的宽容，但即便这，也是一个非常缓慢的过程，因为他们的支配力量最初被归于巫术。

今天，原子弹以及细菌生物战正在给人类生活带来种种危险，如果因此而兴起一场强大的反科学运动，这并不令人惊奇。但是无论人们对这些恐怖的事情会有怎样的感受，只要战争完全是可能的，他们就不敢转而与科学人士作对，因为如果一方被科学家武装起来而另一方却没有的话，科学一方几乎肯定会获胜。

科学，就它由知识组成这一点来说，必然会被认为包含了价

① 阿那克萨哥拉(约前500—约前428)，古希腊自然哲学家。——译注

值，而就它由技术组成这一点来说，它应该被赞颂还是应该被谴责的问题则取决于技术的运用了。它本身是中立的，既不好也不坏，至于是什么赋予了它这样或那样的价值，我们就此所具有的任何终极观念都必然来自于某种其他的根源，而不是来自于科学。

尽管科学人士对现代生活有着深远的影响，但是在某些方面他们却不如政治家强大。我们今天的政治家，比他们在人类历史上任何先前时代都有着更大的影响。他们与科学人士的关系，就像《天方夜谭》里的魔法师和服从魔法师命令的神灵。神灵能做各种让人惊骇的事情，没有他的帮助，魔法师是做不了这些事情的，但是神灵做这些事情仅仅是因为他被命令这样做，而不是由于他自身的任何冲动。我们今天的原子科学家也是如此；某个政府在他们家里或者在公海上俘虏了他们，他们就根据被俘时的运气开始工作，为一方或者另一方卖命。政治家在他成功的时候则不必受这种压制。我们时代最令人吃惊的是列宁的生涯。在他的兄弟被沙皇政府处死后，他经历了数年的贫困和流放，随后在几个月里起义，并掌控了世界上最伟大的国家之一。这种掌控不像薛西斯或者恺撒那样，仅仅是享受奢华和谄媚的权力（没有他，其他人是会这样享受的）。这是一种根据他自己脑海里构想的模式来缔造一个辽阔国家的权力，一种改变每个工人、农民和中产者生活的权力，一种引进一个全新组织，成为世界上一种新的秩序象征的权力，一些人钦佩这种权力，很多人则咒骂这种权力，却没有谁可以无视它的存在。没有什么比这种妄自尊大的梦想更加令人感到恐怖的了。拿破仑曾宣称，你只要不是坐在刺刀上，就可以用刺刀来做任何事情（you can do everything with bayonets except sit upon them);列宁则证明了这一例外是错误的。

历史上那些杰出的伟大人物,一部分是人类的施惠者,一部分则恰恰相反。一些人,比如那些伟大的宗教和道德革新者,竭尽全力使人们不再那么残忍地彼此对待,也更加不吝惜自己的同情心;一些人,比如科学人士,则为我们提供了关于自然进程的知识和理解,无论它怎样可能被滥用,其本身都必须被看成一件了不起的事情。一些人,比如那些伟大的诗人、作曲家和画家,把美丽和光彩带给了世界,在令人气馁的时刻,这些美丽和光彩使人类命运的景象变得能够忍受。但是其他人,在他们的活动范围内同样有能力也同样有效率,却做了完全相反的事情。我想不出由于成吉思汗的存在人类得到了什么。我不知道有什么好事情是罗伯斯庇尔带来的,对我而言,我也看不出有任何理由要感谢列宁。但是所有这些人,善的以及恶的,都有一种我不希望看到从这个世界上消失的品质——一种充满活力和个人主动性,具有独立头脑并且富于想象力的品质。拥有这些品质的人能做很多好事情,也能造成巨大伤害,但是人类要想不陷入呆滞的境地,这些非凡的人就必须找到发挥能力的机会,尽管我们可能会希望,他们找到的机会对人类是有利的。一个大罪犯和一个大政治家在性情上的差别,有时并不如想象的那么大。如果魔法师在威廉·基德船长[①]和亚历山大大帝出生时将他们调换的话,他们也许仍然会完成实际上已经由另一个人完成的事业。同样的说法也适用于某些艺术家;贝温努

① 威廉·基德(1645? —1701),英国商船船长,被雇用保护英国在印度洋的船只,后成为海盗。他的故事具有传奇色彩。——译注

托·切利尼[1]的回忆录并没有描绘出一个对法律怀有敬意的人，而每一个有正义感的公民都应该怀有这种对法律的敬意。在现代世界里，以及更进一步，在所能预测的不远的未来世界里，对个人来说，如果不能控制某个大型组织而想取得重要成就是并且将几乎是不可能的。如果他能使自己成为像列宁那样的国家领袖，或者像洛克菲勒那样的大工业垄断者，或者像老摩根（皮尔蓬特·摩根）[2]那样的信贷控制者，他就能在世界上产生巨大影响。作为科学人士，如果他能使某个政府相信他的工作在战争中是有用的，那么他也能产生巨大影响。但是如果一个人的工作没有组织的帮助，就像一位希伯来先知、一名诗人或者一个孤独的哲学家（比方说斯宾诺莎[3]）那样，那么他就不能指望获得这些人先前具有的那种重要性。这一变化既适用于这些人，也适用于科学家。过去的科学家在很大程度上是以个人身份开展工作的，但是我们今天的科学家却需要极其昂贵的设备和一个配有许多助手的实验室。所有这些，他都要通过政府的恩惠，或者，在美国，通过某个富翁的帮助来获得。他由此不再是独立的工作者，而在本质上成了某个大组织的重要组成部分。这种变化是非常不幸的[4]，因为一个伟人在孤独状态下所能做的事情，往往要比他只能在权力的帮助下才能做的事情更有益处。一个希望影响人类事务的人会发现，成功

---

① 贝温努托·切利尼（1500—1571），意大利作家、雕塑家。——译注

② 皮尔蓬特·摩根（1837—1913），美国金融家和工业组织家。——译注

③ 斯宾诺莎（1632—1677），荷兰哲学家、神学家。——译注

④ 原文为：this change is very fortunate，为...unfortunate 之误，此处根据乔治·亚伦和安文出版有限公司 1949 年版更正。——译注

是困难的，除非成为一个奴隶或者一个暴君：作为一名政治家，他可以使自己成为国家领袖，或者作为一名科学家，他可以向政府出卖他的劳动，但是在这种情况下，他必须服务于政府的目的，而不是他自己的目的。

这不仅适用于杰出和非凡的伟大人物，而且也适用于范围广泛的天分高的人。在有大诗人的时代里，同样有许多小诗人，而有大画家的时代，也同样有许多小画家。许多伟大的德国作曲家出现在这样的背景下，在那里，人们珍视音乐，很多较逊色的人也能找到机会。在那些岁月里，诗歌、绘画和音乐是常人每天生活不可缺少的组成部分，就像今天只有在体育运动里才有的那种情况。伟大的先知是从一大批二流预言家中脱颖而出的人。我们时代在这些方面的不足是这一事实的必然结果，即社会已经被集中化和组织化到了这样一种程度，以至于个人主动性已被缩减到了最小值。从前，在那些艺术流行的地方，艺术通常是在小团体里流行，这些小社会在它们的四邻之间往往有很多竞争者，就好比希腊城邦、意大利文艺复兴时期的小公国、德国18世纪统治者的小宫廷的情形。这些小社会的统治者每个都必须有自己的乐师，偶尔，这个乐师会是约翰·塞巴斯蒂安·巴赫①，但即使不是巴赫，这个乐师也仍然能自由地尽情发挥。在这些事情上，根本原因在于存在着地方性竞争。这甚至在教堂的修建上也发挥了作用，因为每个主教都希望比相邻地区的主教有一个更好的教堂。如果各个城市的艺术能相互竞争，每个城市都为自己的艺术感到自豪，如果每个

① 巴赫(1685—1750)，德国作曲家。——译注

城市都有自己的音乐或者绘画流派而且不会强烈蔑视相邻城市的流派的话，这将是一件好事情。但是在一个由许多帝国构成、并且能自由迁徙的世界里，这种地方性的爱国主义并不容易流行。一个曼彻斯特人并不容易像雅典人感受科林斯人、或者像佛罗伦萨人感受威尼斯人那样去感受一个设菲尔德人。[①] 但是，尽管有各种困难，我认为，如果人类生活要想不变得越来越单调和乏味的话，赋予地方以重要性这个问题就必须加以解决。

原始人，尽管只是一个小共同体的成员，却过着这样一种生活，在这种生活里，他的主动性不会受到共同体过多的妨碍。他想做的事情（通常是狩猎和战争）同样是他的邻人想要做的，如果他想成为一名巫医，他只要去巴结某个已经在这个行当里出了名的人，并由此在适当的时候继承他的魔力就可以了。如果他是一个有着非凡天分的人，他可能会对武器做出改进，或者发明新的狩猎技巧。这些并不会使他成为社会的对立面，相反，却会使他受到欢迎。现代人过着一种完全不同的生活。如果他在街上唱歌，人们会以为他喝醉了，如果他在街上跳舞，警察会因为妨碍交通而找他的麻烦。除非他特别幸运，否则他在工作日里会以一种完全单调的方式生产一些东西，这些东西并不是像阿基里斯[②]的盾牌那样的美妙的艺术品，而主要是因为它有用才有价值。当他的工作结束时，他不能像弥尔顿[③]的牧羊人一样，“在溪谷的山楂树下讲述

① 曼彻斯特和设菲尔德是英国城市，佛罗伦萨和威尼斯是意大利城市，雅典和科林斯是古希腊城市。——译注

② 阿基里斯是荷马史诗《伊利亚特》中的英雄，也译为阿喀琉斯。——译注

③ 弥尔顿（1608—1674），英国诗人、学者。——译注

他的故事”[①]，因为在他的住处附近往往并没有溪谷，或者即使有的话，也堆满了垃圾。在我们高度规则化的生活方式中，他总是为次日的种种考虑所困扰。在《福音书》所有的训导里，基督徒最忽视的就是不要为明天忧虑这一戒条。[②] 如果他是精明的，为明天忧虑将使他积攒钱财；如果他并不精明，为明天忧虑将使他担心不能偿还他的债务。在随便哪种情况下，此刻都将失去它的滋味。每一件事情都组织化了，没有什么是自发的。纳粹组织起了“快乐的力量”(Strength Through Joy)，但是由政府指定的快乐大概并不多么令人高兴。在那些在其他方面具有可敬抱负的人中间，权力集中的结果是使他们卷入到与如此多对手的竞争当中，并屈从于某种过于整齐划一的判断标准。如果你想成为画家，你将不会满足于同那些在你的城镇里、和你具有相同愿望的人竞争；你会去大城市的某个画派，在那里你可能会得出结论，即你是平庸的，在得出这一结论后，你可能会如此沮丧，以至于很想扔掉你的画笔去挣钱或者去买醉，因为一定程度的自信对于成功是不可或缺的。在文艺复兴时期的意大利，你也许想成为希耶纳城[③]里最出色的画家，这一地位曾经是非常光荣的。但是今天你却不会满足于在一座小城市里接受自己所有的训练并和邻人竞争。我们知道得太多，却体验得太少。至少我们对一种美好生活所由以产生的那些

① 出自约翰·弥尔顿的《快乐颂》(*L'Allegro*)。——译注

② 参见《圣经·马太福音》，第 6 章第 34 节。原文是：所以不要为明天忧虑。因为明天自有明天的忧虑。一天的难处一天当就够了。——译注

③ 希耶纳，意大利中西部城市，位于佛罗伦萨南部，13—14 世纪以其在希耶纳派艺术中的领导地位而闻名。——译注

创造性冲动体验得太少。重要的原因在于我们是被动的;即使我们是主动的,我们也只是在琐碎的事情上主动。要想把生活从只能由灾难来缓解的无聊状态中解救出来,就必须找到恢复个人主动性的手段,不仅在琐碎的事情上,而且也在真正重要的事情上。我并不是说,我们应该毁灭现代组织中大多数人所赖以生存的那些部分,但是我确实想说,组织一直是通过它令人难以忍受的迅速增长和权力集中而发展起来的,我们的思想情感方式已经无法与之齐头并进,因此组织应该具有更大的灵活性,更多地通过地方自治来加以调剂,而且更少地通过它那非人的巨大规模来压抑人的精神。

第四讲　技术与人性的冲突

人类在很多方面和其他动物不同。其中之一是，他乐于从事那些本身未必令人愉快的事情，因为这些事情是实现他想要达到的目的的手段。从生物学家的观点来看，动物做各种事情(鸟儿筑巢，河狸筑坝)似乎都是为了达到某个目的所作的努力。然而它们做这些事情却是出自本能，因为它们具有做这些事情的冲动，而不是因为它们认识到这些事情是有用的。它们并不会通过意志来实现自我控制、来谨慎从事、来深谋远虑或者抑制各种冲动。人类却能做所有这些事情。当他们所做的事情超出了人性能够容忍的范围时，他们会受到心理上的惩罚。在文明的生活方式中，这种惩罚的一部分是不可避免的，但是大部分却没有必要，并且可以通过一种不同的社会组织形式来加以消除。

早期人类很少会有这种手段与冲动之间的冲突。狩猎、格斗还有繁衍对生存和进化发展都是必需的，但这并不是早期人类从事这些活动的理由：他从事这些活动，是因为它们给他带来了快乐。最终，狩猎变成了闲适富人们的一种消遣，它已经失去了生物学意义上的作用，但仍然是令人愉快的。直接由冲动激发的那种原始格斗，现在在中小学的男孩子中才允许，但格斗的精神却保留下来，并且如果不给它一个更好的出口的话，它将会在战争中找到它最重要的表现形式。

但是早期人类也不是完全没有那些他们感到有用、而非由本能所激发的行为。在人类进化的很早阶段，石器制造就开始了，并由此开启了通往我们现有的精细经济体制的漫长发展过程。但是在早期石器时代，艺术创造的快乐和盼望能力增长的快乐本身很可能会被扩散到劳动的各个艰苦阶段。当从手段到目的的旅途并不过于漫长，而且如果人们热切地盼望着这一目的时，手段本身也就是令人愉快的。为了下滑瞬间的无上快乐，一个男孩子会带着平底雪橇吃力地爬上小山；没有人强迫他这么辛苦，尽管他气喘吁吁，他仍然很高兴。不过如果你以答应70岁给他一笔养老金来取代这种能马上兑现的酬劳，他的精神头儿就会立刻消失得无影无踪。

创造性的冲动可以激发出比那个带着平底雪橇的男孩子更加长久的努力，并且仍然能够保持自发性。一个人如果热切地盼望实现一个目的，并且勇于克服困难的话，他就可能历经数年的艰难、险阻和贫困，试图登上珠穆朗玛峰或者抵达南极极点，又或者做出一项科学发现，而且始终像那个带着雪橇的男孩子一样，和他自己的各种冲动协调一致。就像那个印第安人所说，“那里面有光荣”。

奴隶制的采用开始把工作的目的和劳动者的目的分离开来。金字塔是为了法老的荣耀而修建的，从事修建工作的奴隶却并不分享这一荣耀，他们只是出于对监工皮鞭的恐惧才去工作。当农业生产由奴隶或农奴进行之时，同样没有给从事这项工作的人带来直接的满足；他们的满足只是活着以及（如果幸运的话）免受皮肉之苦。

在工业革命之前的近代时期，农奴数量的减少以及手工业的发展增加了那些身为自己主宰的工人的数量，这些工人由此能够在他们生产的产品中享有某种自豪感。正是这种情势导致了由杰斐逊和法国大革命所鼓吹的民主，这种民主认为存在着大量或多或少独立的生产者，而他们和现代技术所创造的大型经济组织是相对立的。

设想一个大工厂，比如说一个汽车制造厂。这个组织的目的是制造汽车，但是工人的目的却是挣取工资。从主观方面来说，并没有什么**共同的**目的。一致的目的只是在工厂主和管理人员那里才有，而大多数干活儿的工人那里却完全没有。一些人或许会因所生产汽车的优良品质而骄傲，但是大多数人，通过他们的工会，则主要关注工资和工时问题。

在相当程度上，这种弊端是和机械化密不可分的，而机械化又和庞大的规模结合在一起。由于前者[①]，没有人能够制造一辆汽车的大部分，而只是分担某一部件生产的一小部分；大量的工作不需要什么技能，而完全是单调重复的。由于后者（组织的庞大规模），共同生产汽车的群体不像在管理者和雇主之间那样，存在着团结和休戚一致感。在工薪族当中存在团结一致，在管理者当中也可能存在团结一致。但是工薪族的团结一致和产品无关；它只和工资的增长以及工时的减少有关。管理者**也许**会因为产品而自豪，但是当一种产业完全商业化的时候，就会有一种只考虑利润的

① 指机械化。——译注

倾向，而利润往往更容易通过广告而不是通过改进工艺来获得。

两样东西导致了工艺上自豪感的衰落。较早一些的是货币的发明；而后则是大规模生产的出现。货币导致了以价格来评价一件物品[①]，但价格并不是物品所固有的东西，而是和其他商品所共有的一种抽象物。物品如果并不是为了交换而生产，就可以根据它们是什么，而不是根据它们能换取什么来评价。乡村的村舍花园往往秀美怡人，而且可能花费了大量劳动，但是却并不打算带来任何金钱回报。除了取悦游客，乡村装束现在已经很难看到了，它们由穿用者的家庭制作，并且没有定价。古希腊卫城神庙和中世纪大教堂并不是出于钱财的目的而修建的，也不能用于交换。慢慢地，货币经济取代了物品只是为了制作者的使用而生产的经济，这种变化使人们从有用、而不是使人愉悦的角度来看待商品。

大规模生产又把这一进程推进到了一个新阶段。设想你是一个纽扣制造商：不管你的纽扣多么精良，除了你自己使用的几个之外，你并不需要更多。其余的你都希望用来交换食品和住所、汽车和你孩子的教育等等。除了货币价值，这些东西和纽扣毫无共同之处。而且对你来说，重要的甚至不是纽扣的货币价值；重要的是**利润**，也就是说出售价值高于生产成本的盈余部分，而这却可以通过降低纽扣的内在品质来增加。确实，当大规模生产取代了较原始的生产方式时，常常会造成内在品质的下降。

除了上面已经提到的之外，现代组织还有两种结果往往会降

① 原文为：currency led to the valuation of an article by its pride，为…by its price 之误，此处根据乔治·亚伦和安文出版有限公司 1949 年版更正。——译注

低生产者对产品的兴趣。一种是从工作中所期待获利的间接性(remoteness);另一种则是管理者和劳动者的分离。

就获利的间接性来说,假设你现在从事某种出口商品辅助部分的生产工作——让我们再以汽车为例。人们特别强调地告诉你,驱动装置的出口是必需的,这样我们就能购买食物了。作为你的劳动结果而购买的多余食物并不分给你个人,而是在大约4000万英国居民中分配。如果你一天不工作,国民经济并不会有**明显的**损失。只是由于理智的作用,你才使自己意识到你不工作所带来的危害,也只是由于道德的作用,你才使自己去做比保住你的职位所需更多的工作。当需要变得明显而紧迫之时——比如在海难中,整个事情就会变得完全不同。在海难中,船员服从命令而不需要给自己找任何理由,因为他们都具有一个直接的共同目标,而实现这一目标的手段也不难理解。但是船长如果被迫像政府那样来解释现行的各种原则以证实他的领导是英明的,那么在他的讲话还没结束以前,这艘船恐怕早就沉了。

管理者和劳动者之间的分离包括两个方面:一个方面是劳资之间常见的冲突,另一个方面则是困扰所有大型组织的更普遍的麻烦。关于劳资之间的冲突,我不打算说什么,但是管理的间接性——无论是在政治组织还是经济组织里,也无论是在资本主义还是社会主义体制下——却不是一个很陈旧的话题,值得加以考虑。

无论社会是怎样组织的,在普遍利益和这个或那个局部利益之间不可避免地会存在大范围的冲突。煤炭价格上涨对煤炭工业是有利的,并且会促进矿工工资的增加,但是对所有其他人来说则是不利的。如果价格和工资由政府来确定的话，那么每一个决定都必然会使一些人失望。应当由政府来权衡的各种考虑是如此普遍，并且显然远离工人的日常生活，以至于很难使它们显得令人信服。集中的好处总是比分散的坏处更容易被人觉察到。正是由于这种原因，政府发现，要想抵制膨胀是困难的，而当它们这样做的时候，它们又很容易变得不受欢迎。一个真正按照普遍公众的利益来做事的政府会冒一种风险，即每个局部都会认为政府不正当地忽视了自己的利益。这是一个难题，在民主政治中，政府控制程度的每次增加都往往会使问题更为严重。

此外，期待政府，即使是民主政府，总是会做最符合公共利益的事情，这未免过于乐观。我以前曾提到过官僚制的一些弊端；我现在想考察一下包含在官员和公众关系中的那些弊端。在一个高度组织化的社会里，那些行使政府职能的人，从部长下至地方机构中最低级的雇员，都有他们自己的私人利益，这些利益和社会利益是绝不可能一致的。对这些人来说，热衷权力而厌恶工作是主要的。对一个方案说“不”的公务员既能满足他行使权力的喜好，又能满足他对工作的厌恶。他由此也逐渐成为，以及在某种程度上就是，本来期望他去为之服务的那些人的敌人。

让我们以在处理食物短缺问题时所必需的措施为例。如果你有一份配额，并且如果允许你用你的产品来补充你的配给的话，获得食物的困难将会促使你努力工作。但是大多数人必须购买他们所有的食物，除非他们从事农业。在自由放任的状况下，价格将会飞涨，而除了富人之外，所有人都将严重地吃不饱肚子。然而，尽管这是事实，我们中却很少有人真心感激粮食管理局的女士们提供的服务，她们中也很少有人因为劳累和操心还能对公众保持一种完全和蔼可亲的态度。对公众而言，这些女士——无论多么不公正——似乎是无知而霸道的；对这些女士而言，公众则似乎是令人讨厌、挑剔而又愚蠢的，总是在不停地浪费东西或者变换他们的住址。由于这种情形，难以想象，政府和被统治者之间怎样才能产生一种真正的和谐。

迄今为止已发现的、能够在私人情感和公共利益之间产生局部一致的一些方法，很容易遭到各种不同的反对。

最容易、也最明显的协调者是战争。在一场艰苦的战争中，当民族存亡处于危急中时，很容易促使每个人都努力工作，而如果人们认为政府称职胜任的话，就乐于服从它的命令。这就像海难中的情形。但是没有人会提倡把海难作为加强海军纪律的手段，我们也不能因为战争带来民族团结就鼓吹战争。毫无疑问，对战争的**恐惧**也能产生多多少少同样的结果，但是如果对战争的恐惧在很长一段时间里都很强烈的话，则可以相当肯定地说，这会导致真正的战争，对战争的恐惧在增进民族团结之时，同样也会导致厌倦和歇斯底里。

竞争，在它存在的地方，是一个极其强大的动机。社会主义者一直都普遍地把它贬低成资本主义社会的弊端之一，但是苏联政府在工业组织中已经把它恢复到了一个非常重要的地位。斯达汉诺夫方法①（在这种方法中，某些工人因非凡的工作表现受到奖

① 斯达汉诺夫（1906—1977）是苏联劳模矿工，由于在增产运动中表现出众而受到表彰。——译注

赏，其他人则因为工作中的缺点而受到惩罚）是计件工作制的复兴，而这是工会一直强烈并曾成功地反对过的。我毫不怀疑这些方法在俄国具有资本家从前所声称的那些好处，也具有工会所强调的那些缺点。作为对心理问题的一种解决办法，它们无疑是不适当的。

然而，尽管人们强烈地反对很多形式的竞争，我认为竞争对促进必要的努力却具有实质性的作用，在一些领域，它还为否则将可能引起战争的那些冲动提供了一个相对无害的发泄出口。没有人会赞成取消比赛中的竞争。如果一直对抗的两支球队，在手足之情的感化下，决定在比赛中合作，先是这边进一个球，然后另一边进一个球，那么没有谁的快乐会得到增加。没有任何理由能够说明源自竞争的热情为什么应该被限于体育运动当中。球队之间、地方之间或者组织之间的竞争，都可以成为一种有效的刺激。但是要想竞争不变得残酷而有害的话，对失败的惩罚就不能是灾难性的——就像在战争、饥荒和不受控制的经济竞争中那样，而仅仅是丧失荣誉而已。如果输了比赛的球队会被处死或者挨饿的话，那么足球就不会是一项讨人喜欢的运动了。

在英国，近年来，人们一直大声疾呼要有责任感。目前的严峻形势无法回避，增加生产才是唯一的出路。不可否认，在危急时期，这样一种呼吁无疑是必要的。但是尽管责任感有时候是宝贵的，并且也不可缺少，但它并不是永久性的解决办法，而且也不可能在长时期里获得成功。它包含着一种紧张感，以及一种对于自然冲动的持久的抗拒，如果这种情况持续下去，必然会使人筋疲力尽，并使人降低自然的活力。如果人们不是以像《十诫》[1]这样简单的传统道德为基础，而是受种种复杂的政治、经济因素驱使而具有责任感的话，倦怠感将会使人对有关的论点产生怀疑，而很多人将会变得完全漠不关心，或者接受某种可能并不正确的理论，认为有通往繁荣的捷径。人类能够被希望所激励或者被恐惧所驱使，但是如果希望和恐惧要想发挥作用而不产生倦怠感的话，它们就必须是鲜活和直接的。

部分程度上正是由于这一原因，歇斯底里的宣传，或者至少希望引发歇斯底里的宣传，对现代世界才有这样广泛的影响。人们一般都能意识到，他们的日常生活受远方世界各地所发生事情的影响，但是除了少数专家之外，他们并不理解这是怎样发生的。大米为什么没了？香蕉为什么这么稀罕？公牛为什么明显不长尾巴了？[2] 如果你怪罪印度，或者官僚作风，或者资本主义制度，又或者社会主义国家，你就是在人们的头脑里召唤一个人们容易去仇恨的、虚构的人格化恶魔。在每一次不幸当中，寻找一个可以怪罪的敌人是一种自然冲动；原始人就把所有病痛都归结为敌人的魔法。每当我们各种问题的起因太难理解时，我们往往会求助这种古老的解释。一份报纸如果为我们提供了一个可憎的敌人，它就比一份探讨美元短缺所有复杂细节的报纸更吸引人。一战后，当

① 上帝在西奈山上给摩西的十条戒律，是摩西律法的基础。参见《圣经·出埃及记》，第 20 章。——译注

② 原文是 why have oxen apparently ceased to have tails? 当是罗素的戏谑之语。牛尾汤(ox tail soup)是英国常见菜品，罗素这里的意思是由于物资短缺，人们连牛尾汤也喝不到了。——译注

德国人遭受痛苦的时候，他们很多人就容易相信要责怪的是犹太人。

诉诸对假想敌的仇恨来解释我们生活中所有痛苦的事情往往是破坏性和灾难性的；它会激发原始的本能力量，所用的却是那些具有灾难性后果的办法。有各种办法能减少诉诸仇恨所具有的效力。最好的办法显然是——在可能的情况下——消除那些促使我们寻仇的各种弊端。如果做不到这一点，普及一下对造成我们不幸的原因的正确理解有时则是可能的。但是，只要在政治和新闻报道方面存在着由于歇斯底里的鼓动而活跃着的强大力量的话，这就仍然是困难的。

我认为，不幸本身并不会产生，比方说，造成纳粹出现的那种歇斯底里的仇恨。除了不幸，必然还有一种挫折感。瑞士的鲁宾逊一家[①]，在他们的岛上，发现有很多事要做，他们不会在仇恨上浪费时间。但是在一种更复杂的情况里，事实上必需从事的那些活动可能远远不能直接吸引个人。在目前英国国民经济的困境里，我们大家都知道需要做什么：增加生产，降低消费，刺激出口。但这是些重大而带有普遍性的事情，和特定男男女女的福利并没有很明显的联系。如果要想人们兴高采烈并充满活力地从事这些基于明显间接的理由而被人们需要的活动的话，就必须想出一些办法，以便为从事国民经济所需的这些事情找到更直接的理由。

① 原文是 a Swiss family Robinson。Swiss Family Robinson 是瑞士作家约翰·大卫·韦斯(Johann David Wyss，1743—1848)1812 年根据英国小说家丹尼尔·笛福(Daniel Defoe)《鲁宾逊漂流记》一书改编的作品，叙述了一个姓鲁宾逊的瑞士五口之家在移民新几内亚途中因船难而漂流到一个荒岛上所遭遇的奇特经历。——译注

我想，这要求有控制的权力下放，并且要为个人或者并不是很大的团体开展合乎需要的、并且多少是独立的活动创造机会。

民主，正像它在现代各大国家里存在着的那样，并没有给政治上的主动性提供充分的空间——除了极少数人以外。我们习惯于指出，由于将妇女和奴隶排除在外，希腊人所谓的“民主”是不充分的，但我们并不总是能意识到，在一些重要的方面，它比政府范围扩大要更加民主。在希腊民主制下所有公民能对所有问题进行表决；他不必把自己的权力委托给某个代表。他可以选举包括将军在内的行政官员[①]，而且还可以声讨这些官员，如果他们使大多数人不高兴的话。公民的人数不多，这足以使每个人都感到他是有价值的，而通过和他熟悉的人辩论，他也能产生重要的影响。我并不是说，希腊的民主制全部都是好的；实际上，它也有很严重的缺陷。但是在考虑个体的主动性方面，它却远远胜于现代社会的任何制度。

为了便于说明，让我们考虑一个普通纳税人和一位海军上将的关系。纳税人全体是上将的雇主。他们在国会里的代理人就上将的薪金进行表决，并选择一个政府——政府会批准委派给海军上将的职权。但是如果纳税者个人试图对海军上将采取雇主对雇员常有的那种权威态度的话，他很快就会受到压制。上将是一位要人，惯于行使权威；普通纳税人则不是。在较小的程度上，同样的事情也存在于整个公共服务系统中。即使你只是想寄一封挂号

① 将军是雅典城邦的军事人员，一般为 10 位，任期 1 年，但可连选连任；战争时期，战功卓著的将军往往成为最有权势的人物，甚至可能排挤执政官，成为事实上的政府首脑。——译注

信，邮局职员也能行使短暂的权力；他至少可以决定什么时候去留意你的需求。如果你想做更麻烦的事情，而他又碰巧心情不好，他会使你感到很不愉快；他会把你支给另一个人，而这个人又会把你支回来，尽管他俩都被认为是公“仆”。普通选民，非但没有感到自己是陆军、海军、警察和文职机构等所有权力的源泉，反而**觉得**自己是他们谦卑的臣民，其职责就像中国人过去常说的，只是“发抖和服从”(tremble and obey)。只要民主的控制是间接而稀罕的，而公共管理部门是集权的，并且权威是从中央委派到地方的，个体在权力面前的无助感就很难避免。民主如果要在情感上、而不仅仅是在政治工具的意义上成为一种现实，就必须避免上述情况。

我们在这一讲里所关注的种种弊端大都不是什么新东西。自从文明出现以来，文明社会里的大多数人一直过着充满悲苦的生活；荣耀、冒险和主动性只是少数人的特权，对多数人来说，生活则非常辛苦，并时不时会受到残酷虐待。但是，首先是西方各国，后来逐渐全世界，都被一种新的理想唤醒了。我们不再满足于少数人享有一切好事情，而多数人则悲苦不堪。早期工业主义的弊端带来了一阵恐怖的战栗，它们在罗马时代也不曾出现过。奴隶制被废除了，因为人们感到，没有谁应该被仅仅当作另一个人享福的工具。至少在理论上，我们不再试图为白人征服者对有色人种的剥削辩护。社会主义正是由消除贫富差距的愿望所激发的。到处都有针对不公正和不平等的反抗，人们不愿把辉煌的上层建筑构筑于苦难和堕落的基础之上。

这种新的信念现在如此普遍地被人们认为理所当然，以至于人们没有充分意识到，在人类漫长的历史上，这多么具有革命性。

就此而言，过去的160年似乎是被这一理想所激发的一场持续的革命。就像所有有影响力的新信念一样，它令人不安，并需要人们做出艰难的适应。像所有其他信仰一样，这种信仰也存在一种危险——即把手段误认为是目的，结果反而把目的忽略了。在追求平等的过程中也存在一种风险，即难于公平分配的好东西可能会被人们认为是不好的。过去那些不公正的社会给了少数人机会，如果我们不注意的话，我们试图建立的新社会可能会不给任何人以这些机会。在我谈到今天的不幸时，我这么做，并没有暗示它们比以前的弊端更严重，我只是确信，应当把过去那些美好的东西留给未来，并尽可能不要因为这种转变而使它受到损害。但是如果要想实现这一目标的话，就必须记住一些在各种乌托邦蓝图中往往会被人忘记的事情。

在那些为了民主的平等而被不必要牺牲掉的东西里，最重要的也许是自尊。我所指的自尊是自尊中好的那一半——即所谓“自尊心”(proper pride)。坏的那一半则是一种优越感。自尊将使一个处于敌人控制之下的人不至于奴颜婢膝，并使他在世人都反对他时仍然能够感到自己也许是正确的。一个人如果没有这种品质，他将会觉得大多数人的意见，或者政府的意见绝无错误，而这种情感方式如果普及开来的话，无论道德还是思想上的进步都不再可能。

自尊到今天为止一直都不可避免地是少数人的美德。无论什么地方，只要存在权力的不平等，在屈从于他人统治的那些人当中，都不可能找到它。暴政最令人反感的特征之一是，它们竟然能够使不公正的受害者去谄媚那些虐待他们的人。罗马角斗士向皇帝们致敬，而皇帝却打算屠杀他们中的一部分来取乐。陀思妥耶夫斯基[①]和巴枯宁[②]在狱中时，曾假装对尼古拉沙皇有好感。被苏联政府清洗的那些人常常要凄惨地承认自己的罪行，而逃脱了清洗的人则沉溺于令人作呕的阿谀奉承之中，并常常要设法去控告同僚。民主体制也许能避免这些下流的自我贬损方式，并且**能够**为保存自尊提供充分的机会。但是，它也**可能**恰恰相反。

既然自尊过去一直主要限于有特权的少数人，它就可能容易被那些反对原有寡头政治的人所轻视。相信民众的声音就是上帝的声音的人可能会推断说，任何与众不同的意见或者特殊的喜好都几乎是一种不敬，并且会被看成是一种对民众合法权威的应受谴责的反叛。只有人们像珍视民主一样珍视自由，并且认识到，一个人人都是所有人的奴隶的社会，只是略好于那种人人都是某个暴君的奴隶的社会时，这种情况才能避免。在所有人都是奴隶以及所有人都自由的地方，都有平等存在。这表明，平等本身并不足以构建一个好社会。

在工业社会里，最重要的问题，而且肯定也是最困难的问题之一，也许是使工作变得有趣——在工作不再**仅仅**是挣工资的手段的意义上。这一问题的产生尤其和无需技能的工作联系在一起。困难的工作对那些胜任它的人可能是有吸引力的。填字游戏和国际象棋跟一些需要技能的工作非常相近，但很多人仅仅为了取乐仍然在上面花费很大力气。随着机械的增加，那些工作非常单调

① 陀思妥耶夫斯基(1821—1881)，俄罗斯作家。——译注

② 巴枯宁(1814—1876)，俄国无政府主义者和政治理论家。——译注

并且非常简单的工薪族所占的比例也在不断增长。阿伯克龙比教授在其《大伦敦规划，1944》(*Greater London Plan, 1944*)[①]一书中曾未加强调地附带指出，大多数现代工业并不需要各种专门技能，因此不必把厂址设在各种传统技能存在的地方。他写道，"现代工作的性质进一步强调了不依赖于任何一种劳动储备库，它们要求较少的技能，却要求高度的稳定性和可靠性；在今天的工人阶级群体中，这是一些几乎在任何地方都能找到的品质。"

"稳定性和可靠性"当然是非常有用的品质，但它们如果是一个人的工作对他所要求的全部的话，他不可能感到他的工作是有趣的，而且相当肯定的是，他的生活可以提供给他的满足感将不得不到工作时间以外的地方去寻找。我并不认为这完全不可避免，即使是在工作本身就很单调乏味的情况下。

首先需要的，是使工人恢复过去和主人翁地位(ownership)相联系的一些情感。当机器介入的时候，一个工人个体实际上的主人翁地位已经不可能了，但仍然有很多办法来保证和那种情感——即这是"我的"劳动成果，或者无论如何也是"我们的"劳动成果("我们"指的是一个小到足以彼此相知、并且有一种休戚与共的主动意识的群体)——相联系的自豪感。这不能由国有化来保证，国有化使管理者和官员们同工人的关系几乎像在资本主义体制下一样疏远。所需要的是在所有内部事务上的局部的、小范围的民主；工头和经理们应该由那些将被他们管理的人来选举。

① 大伦敦是以伦敦市为中心的集合城市，由 12 个内伦敦自治市和 20 个外伦敦自治市组成。——译注

统管工业企业的那些人缺乏人情味并且疏远冷漠，这种特性对普通雇员的任何所有权利益都是致命的。伯纳姆先生的《管理革命》(Managerial Revolution)一文提供了一幅在不久的将来可能会出现的、远不令人兴奋的景象。如果我们想要避免他所预言的那种单调的世界的话，头等重要的事情就是管理的民主化。这个主题在詹姆斯·吉尔斯比先生的《工业中的自由表达》(*Free Expression in Industry*)一书中得到了很好论述，我最好还是引用他的原话。他说：

> 当一个个体或者群体存在严重问题，而又不能带着问题去找高层管理者时，就会有一种挫败感。就像在国家官僚体制里那样，在工业官僚体制中也是如此——存在着同样的拖拉，把责任推给甲或者乙，强调惯例，由此产生同样的无助感和挫折感。“如果我能找到头儿，他就会知道，他就会明白……。”这种找领导的愿望非常现实，也非常重要。雇员群体每月的代表例会并非毫无意义，但它不能成为雇主和雇员之间面对面关系的有效代替。它对这样的状况是没有帮助的：当一个工人代表，或者一个工人带着问题去找工头，而工头由于控制权的上交被剥夺了权威，因此只能把问题交给主管。而主管又依次把问题交给部门经理，经理则把它列入下次会议的议程。或者这个问题也许会提交给福利部门，大公司里的一个大部门，则福利或者人事经理的代理(经理本人也不过是总经理或者老板的某一职责的代理)可能会处理或者递

交这件事情。

在大公司里，有一种比挫折感更甚的东西：对公司的运作，基层成员有一种特殊的无意义感。他不知道他的工作对公司总体有什么意义。他不知道谁是真正的老板；而且往往不知道谁是总经理，很多时候，部门经理也从来没有和他打过招呼。销售经理、成本经理、计划经理、福利总经理以及其他许多人，不过是些得了美差而又不用工作很长时间的人。他和他们没什么牵连，他们也不属于他的群体。

无论在政治上还是工业里，只要政府或管理部门被认为是“他们”，是一个遥远的群体，这个群体趾高气扬，傲慢无礼，并且自然地被人们怀着敌意（这种敌意是无力的，除非它采取反叛的形式）来看待，民主就不会是一种心理上的事实。正如吉尔斯比先生指出的那样，在工业里，我们在这个方面做得很少，而管理部门，几乎没有例外，都显然是君主制或者寡头制的。这是一种弊端，如果不加控制的话，它将会随着组织规模的每次扩大而增长。

自有史以来，大多数人就一直生活在贫穷、困苦和残酷的重压之下，在敌意或者冷酷的非人权力的控制下，他们感到自己是软弱无力的。这些不幸对于文明的存在不再是必然的了；如果我们以一种人道的精神、怀着对生活与幸福根源的理解来利用现代科学技术的话，我们就可以借助于现代科学技术来消除它们。没有这样一种理解，我们就可能在不经意间建立起一座新的牢狱，也许公平——因为没有谁将置身其外，但却沉闷、无趣以及精神麻木。怎样避免这样一种灾难，我将在最后两讲里进行考察。

附论：

苏格兰花呢工业提供了由于现代机械方法造成品质下降的一个引人注目而惨痛的例子。手织花呢被公认具有最上乘的品质，长期以来一直在苏格兰高地、赫布里底群岛、奥克尼群岛和设得兰群岛[①]生产，但是机织花呢的竞争沉重打击了手织工人，而购置税，根据议会两院的辩论结果，更是给了他们致命一击。结果，那些不再能依靠自己手艺谋生的人被迫离开了这些岛屿和高地，到城市生活，甚至移居国外。

购置税每年能带来100到150万英镑的收入，但是相对于这一短期经济收益而言，必须考虑到那些几乎无法估量的长期损失。

首先，除了那些我们在工业革命盲目和贪婪的全盛期已遭受到的损失之外，我们还失去了一种具地方和传统特色的技艺，这种技艺曾给运用它的人带来了手艺人的快乐，并给他们带来了一种生活方式，尽管艰辛，却赋予他们以骄傲和自尊，以及在充满困难和风险的情况下通过聪明才智和努力取得成功的快乐。

其次，产品在审美和效用两个方面的内在品质也有所下降。

第三，这种对地方产业的扼杀，加剧了城市无法控制的发展趋势，而这正是我们在国家城镇规划中试图要避免的。在有损健康

① 赫布里底群岛位于英国苏格兰本土以西，奥克尼群岛、设得兰群岛位于英国本土以北。——译注

的巨大而可怕的人口密集区里，独立的纺织工人成为了零部件(units)。他们的经济保障不再取决于自己的技能和自然的力量。这种保障在一些大型组织中是不复存在的，因为一个组织破产，个个破产，而破产的原因却无法理解。

在现代，两个因素使这一进程——工业革命的一个缩影——变得不可饶恕。一方面，并不像不能预见自己行为结果的早期工业主义者那样，我们非常清楚由此造成的种种不幸。另一方面，这些不幸对增加生产、或者对提高工人的物质生活水平不再是必需的了。电力和汽车运输已经使小的产业单位不仅在经济上是可行的，而且甚至是理想的(desirable)，因为它们避免了运输和组织方面的巨大花费。在乡村产业仍然繁荣的地方，乡村产业慢慢也会机械化，但是它会就地以小单位的形式保留下来。

在世界上工业主义还处于初期阶段的地方，还是有可能避免我们经历过的那些可怕事情的。例如，印度传统上是一个村社国家。这种传统生活方式有它自身的弊端，但是如果它被突然而剧烈地转变成城市工业主义那些更大的弊端的话，这将是一场悲剧，因为那些更大的弊端将会被施加在一些生活水平已经低得可怜的人身上。由于认识到这些危险，甘地曾试图通过在整个大陆恢复手摇纺织来使时光倒流。他在部分程度上是对的，但是拒绝科学带给我们的种种好处却是荒唐的；相反，我们应该热切地掌握这些好处，并把它们运用于物质财富的增长，以及与此同时，运用于保护像纯净的空气、在小共同体中的地位、以责任和出色工作为荣等一些朴素的特权——对大型工业城镇中的工人来说，这些特权几乎是不可能有的。应该让喜马拉雅山的河流提供印度乡村工业逐步机械化以及物质福利无法估量的进步所必需的全部水能电力，否则的话，当古老的传统被过于粗暴地打断之时，不是造成工业萧条的明显灾难，就是造成更加难以捉摸的损失和衰退。

第五讲　控制与主动性：它们各自的领域

一个健全而进步的社会既需要集中控制，也需要个人和群体的积极性：没有控制，会出现无政府状态；没有积极性，则会出现停滞。在这一讲里，我将对哪些事情应该控制、哪些事情应该留给个人或者准个人去发挥主动性得出一些带有普遍性的原则。我们希望在一个社会里找到的那些特性，有一些实质上是静态的，而另一些就它们真正的本性来说则是动态的。概略地说来，我们可以认为，这些静态的特性适于政府控制，而动态的特性则应该由个人或者群体的积极性来推进。但是这种积极性要想成为可能，并且要想它富于成效而不产生破坏的话，就需要由适当的制度来促进它，而维护这些制度就不得不成为政府的职能之一。显而易见，在无政府状态下，不可能有大学、科学研究或者图书出版，甚至像海滨度假这样自然的事情。在我们错综复杂的世界上，没有政府，不可能有富于成效的主动性，然而不幸的是，没有主动性，政府却仍然能够存在。

政府的**主要**目的，我认为应该有三个：安全、公正和保护。这些都是对人类幸福至关重要的事情，也是只有政府才能做到的事情。与此同时，它们中的任何一个都不是绝对的；在某些情况下，为了更大程度的其他的善,每一个都不得不做出一定的牺牲。我将依次论述它们。

安全,在保护生命和财产的意义上,始终被认为是国家的主要目的之一。然而,尽管很多国家保护守法的公民不受其他公民侵害,却并不认为使他们免受国家的侵害也是必要的。① 在那些存在依行政命令进行逮捕,以及不经过正当法律程序而进行惩罚的地方,无论国家建立得多么稳固,个体民众也没有安全可言。而且甚至坚持正当的法律程序也是不够的,除非法官独立于行政部门。17、18 世纪,在"臣民自由"和"人权"的口号下,这种思想体系具有显赫地位。但是人们所寻求的"自由"和"权利"只能由国家来保障,而且当时只有在国家是那种能够被人们称为"自由的"②国家时才可能。只有在西方,这种自由和这些权利才得到了保障。

今天,对西方国家的居民来说,一种更引人注目的安全是防止敌对国家的攻击。这之所以更引人注目,是因为它一直没有得到保障,并且也因为战争手段的发展而年复一年地变得更重要。只有存在一个垄断了所有主要战争武器的单一世界政府,这种安全才会变得可能。我不想展开这一论题,因为它有点偏离我的题目。我只想特别强调地指出,除非人类已经实现了一个单一世界政府之下的安全,否则任何其他有价值的东西,无论它是哪一种,都是不安全的,并且随时可能被战争所毁灭。

经济安全一直是现代英国立法工作最重要的目标之一。失

① 此处原文为…it necessary to protect them against the Sea,为…]against the State 之误,此处根据乔治·亚伦和安文出版有限公司 1949 年版更正。——译注

② 原文是 liberal,也有"开明的"这一内涵。——译注

业、疾病和养老保险，已经消除了工薪族生活中很多对未来的令人痛苦的不确定性。医疗方面的安全也由于那些大大延长了平均寿命并且减少了疾病数量的措施而得以增进。总之，除了战争期间之外，西方国家的生活比起它在18世纪来危险要小很多，而这种变化主要应归于政府多方面的控制。

安全，尽管无疑是好事情，却也可能会因为追求过度而成为一种迷信。安全的生活未必是幸福的生活；它可能会因为无趣和单调而令人感到沉闷。很多人，特别是当他们年轻的时候，喜欢冒险的刺激，并且甚至可能会在战争中找到对沉闷的安全的解脱。安全本身是由恐惧所激发的一种消极目的；令人满意的生活却必须有一个由希望所激发的积极目的。这种冒险的希望包含了风险以及由此而来的恐惧。但是经过审慎选择的恐惧并不像由外部环境所强加给一个人的恐惧那样是件坏事情。因此我们不能仅仅满足于安全，或者想象它能带来太平盛世(the millennium)。

现在谈谈公正问题：

公正，特别是经济上的公正，最近已成为政府的一个目标。公正已经开始被解释为平等，除了非凡的功绩被认为应该得到特别的、但仍属适度的奖赏。**政治上的**公正，也就是民主，自从美国和法国革命以来，一直被人们所追求，但是**经济上的**公正却是一个新目标，而且需要更大程度的政府控制。在我看来，社会主义者的主张是正确的，即应该由国家拥有主要工业，并在很大程度上控制对外贸易。社会主义的反对者也许会认为，经济上的公正代价过于高昂，但是却没有谁能否认，要实现它的话，国家对工业和金融进行很大程度的控制就是必不可少的。

然而,经济上的公正也有种种局限,即使它最热烈的西方拥护者,至少也会默认这一点。例如,具有头等重要性的,是通过改善世界上较为不幸的地区的处境来寻找通往经济公正之路,这不仅是因为有太多的不幸需要缓解,也是因为如果明显的不平等持续下去的话,世界将不可能安稳或者免于大的战争。但是致力于在西方国家和东南亚之间建立经济平等的努力,如果不通过渐进方法的话,将会把较繁荣的国家拖向较不发达国家的境地,却并不会给后者带来什么明显的好处。

公正,和安全一样,但却是在一种更大的程度上,是一个受到各种限制的原则。在人人同样贫困以及人人同样富有的地方,公正是存在的,但使富裕的人变得更贫困,似乎并没有什么意义——如果这并不会使贫困者富有起来的话。在追求公正的过程中,如果它使贫困者比以前更贫穷,反对公正的理由就会更强烈。如果还伴随着教育的普遍削弱以及有成效的研究减少的话,这种情况就很可能会使贫困者更贫穷。在埃及和巴比伦,如果从来没有过经济上的不公正的话,人们不可能发明书写艺术。然而,以现代的生产方式,为了促进各种文明技艺的进步,在工业发达国家中永远保持经济上的不公正却没有**必要**。需要记在心上的只有一种危险,即就像过去一样,没有什么事情在技术上是不可能的。

现在我来谈谈第三个问题,保护。

保护,就像安全和公正一样,需要国家的作为。我所说的“保护”并不仅仅指保护古迹和风景区,以及维护道路和公共设施等等。目前,除了战争期间,这些事情都已经在做了。我主要考虑的是保护世界上的各种自然资源。这是一个具有广泛意义、却又很少被人关注的问题。在过去的150年间,人类已经耗尽了各种工业原料以及农业赖以生存的土地,而对自然资本的这种耗费正以日益增长的速度进行着。就工业而言,最突出的例子是石油。世界上可开采的石油数量是未知的,但肯定不是无限的;对石油的需求已经到了这样的程度,以至于存在着因为它而导致第三次世界大战的危险。当石油不再能大量地为我们所用之时,我们的生活方式将会发生很大变化。如果我们试图代之以原子能,由此又将只会导致可开采的铀和钍资源的枯竭。既然当前工业的存在主要取决于自然资本的消耗,那么它就不可能以它目前这种挥霍无度的方式持续下去。

在一些权威人士看来,甚至更严重的是农业的状况,就像沃格特先生在《生存之路》(*Road to Survival*)中明确指出的那样。除了少数得天独厚的地区(西欧是其中之一)之外,流行的耕作方法将会很快耗尽土壤的肥力。美国干旱尘暴区的扩大是破坏性进程最有名的例子,这一进程在世界大多数地区还在继续。与此同时,随着人口的增长,除非采取强有力的措施,一场灾难性的食品短缺在近50年里将不可避免。农业研究者都清楚这些必要的措施,但是只有政府才能实施它们,并且只有在它们乐于面对并且能够面对不受欢迎的局面时才有可能。这个问题远远没有得到人们的关注。任何一个希望没有血腥战争(这些战争一定会比我们经历过的那些战争更具破坏性,因为在两次世界大战中,世界人口增长了)的稳定世界的人都必须面对这一问题——如果他们要想减轻食品短缺的话。除了防止战争之外,农业改革问题也许是各国政府在不久的将来所不得不面对的最重要的问题。

我已经谈到，安全、公正和保护是政府最重要的职能，因为它们是只有政府才能实现的东西。我并不是说政府就不该有其他职能了。但是大体来说，政府在其他领域的职能应当是鼓励非政府性质的主动性（non-governmental initiative），并且以宽容的态度为它的存在创造机会。存在着无政府和犯罪形式的主动性，这是文明社会所不容的。还存在着其他形式的主动性，比如公认的发明家的主动性，每个人都认为它们是有益的。但是还有大量中间层次的革新者，人们并不能预先知道他们行为的效果是好还是坏。和这个不确定的层次特别相关的是，必须鼓励自由试验的愿望，因为这一层次包含了人类成就史上所有最美好的事物。

整齐划一，是国家控制的自然结果，它在一些事情上是可取的，在另一些事情上却并不可取。在墨索里尼之前的佛罗伦萨，城镇道路有一种规则，而周围的乡村道路却有一种相反的规则。这种多样性是不方便的，但是在很多事情上，法西斯主义却压制了一种**可取的**多样性。在观点问题上，在不同的思想流派之间存在着富于活力的探讨是件好事情。在思想领域，有一切理由赞成生存斗争，在这种斗争中适者将幸运地生存下来。但是要有思想上的竞争的话，就必须有一些方法对所采用的手段加以限制。裁决不应该以战争、暗杀、监禁持特定见解的人或者使持不受欢迎见解的人无法生存下去的方式来做出。在私营企业盛行或者存在很多小邦国的地方，就像在文艺复兴时期的意大利和18世纪的德国那样，这些条件在某种程度上都可以通过不同庇护人之间的竞争来加以满足。但是，当国家像整个欧洲曾经趋向于发生的那样变得巨大而私人财富变小之时，保护思想多样性的传统方法就失效了。

仍然可行的唯一方法是由国家来控制局势，并建立起某种昆斯伯里规则[①]，用它们来指导竞争。

如今，艺术家和作家几乎是唯一可以在不涉及某个集团的情况下，幸运地行使作为个人强有力而且也很重要的主动性的人。当我住在加利福尼亚时，有两个人致力于向世人报道这个州的移民劳工状况。一个是小说家，在小说里涉及了这一主题；另一个是一所州立大学的教师，在一项小心翼翼的学术研究里涉及了这一问题。小说家发了财；教师却被开除了，面临着穷困潦倒的境地。

但是，尽管作家的主动性保存了下来，却也在很多方面都受到了威胁。如果图书出版控制在国家手里，就像俄国那样，那么国家就能决定出版什么，而且除非它把自己的权力托付给某个完全超越党派的权力机构，否则就可能什么书也不能出版——政治领袖所中意的书除外。当然，这同样适用于报纸。在这个领域里，整齐划一将是一场灾难，而这却是不受限制的国家社会主义[②]的一种非常可能的结果。

就像我在第三讲里已经指出的，科学人士以前是可以独立工作的，就像作家现在仍然可以的那样；卡文迪许[③]、法拉第[④]以及孟

① 昆斯伯里规则（Queensbury rules），又叫昆斯伯里侯爵规则（Marquess of Queensbury rules），是对现代拳击有最直接影响的一套规则，1867年在昆斯伯里侯爵主持下首次发表。罗素在此泛指带有普遍性的公平竞争规则。——译注

② 国家社会主义，即纳粹主义（Nazism），是希特勒作为纳粹党首在德国推行的极权主义运动。——译注

③ 卡文迪许（1731—1810），英国化学家和物理学家。——译注

④ 法拉第（1791—1867），英国物理学、化学家。——译注

德尔[1]几乎完全不依赖于公共机构，达尔文也只是在政府允许他搭乘“毕格尔”号航行这一点上依赖于公共机构。但是这种独立性是以前的事情。大多数研究需要昂贵的设备；某些研究需要为去往困难地区的考察筹措资金。没有政府或者大学提供的各种便利，几乎没有人能够在现代科学中取得成就。因此，决定谁会获得这些便利的前提条件就非常重要。如果只有那些在当前的争论中被看作是正统的人才符合条件的话，科学进步将很快会终止，并且将让路给政府当局的学术统治，就像在整个中世纪被扼杀了的科学那样。

在政治上，个人主动性和群体之间的联系是显而易见并且不可或缺的。这通常会涉及两个群体：政党和选民。如果你想推行某项改革，你必须首先说服你的政党接受它，然后再说服选民接受你的政党。当然，你也可以直接对政府施加影响，但是在一个公众都很关心的问题上，这几乎是不可能的。既然这不可能，而所需的主动性又涉及如此多的时间和精力，并且很可能仍然以失败告终，因此大多数人宁愿默认现状，直到在5年一次的选举中选出某个承诺改革的候选人。

在一个高度组织化的世界里，与群体相联系的个人主动性必定只限于少数人，除非这个群体规模不大。如果你是一个小委员会的成员，你希望去影响它的决定就是合理的。在国家政治中，你只是2000万选民中的一员，你的影响微乎其微，除非你不同凡响或者处于特殊职位。固然，你在其他人的政府里拥有2000万分之

① 孟德尔(1822—1884)，奥地利植物学家，遗传学创始人。——译注

一的份额，但是你在自己的政府里也只不过拥有2000万分之一的份额。因此，你更多感受到的，不是统治，而是被统治。在你心里，政府成了一个遥不可及却又非常恶毒的“他们”，而不是你以及和你意见相同的人所共同选举出来、以实现你们愿望的一批人。在这种情况下，你关于政治的个人感受，并不是民主带来的样子，而更近乎于专制体制下的那个样子。

权力只有被委托给一些小团体（在这些小团体里，个人不会被纯粹的巨大数目所吞没），勇于冒险的意识，以及有能力实现人们觉得重要的结果的意识才可能恢复。即便只是由于我们在这一讲开头考察过的那些原因，相当程度的集中控制也是必不可少的。但一方面要尽可能与这种需要相容不悖，同时国家的各种权力也应该根据它们的职能委派给各种不同的机构——地理的、工业的、文化的。这些机构的权力应足以使它们引人注目，并使得有能力的人在影响这些机构的时候找到满足感。如果它们要实现自身目的的话，这些机构还需要相当程度的财政自主权。对主动性来说，没有什么比一份思考周详的方案，被一个对它几乎一无所知、对它的目的也毫不同情的中央权威所否决更让人沮丧和窒息的了。但是在英国，在我们集中控制的体制之下，这却是常有的事情。要想最优秀的头脑不失去作用，就需要某种更加灵活而不那么刻板的东西。所有健全体制的一个本质特征是，权力尽可能多地掌握在对所要做的工作感兴趣的人的手里。

为不同机构划定权力界限的问题，无疑困难很多。一般性的原则应该是把不妨碍大机构实现其目的的所有职能都留给小机构。如果我们把讨论暂时限于地理性机构的话，就应该存在一个从世界政府到堂区[1]议会的层级体系。世界政府的职能是防止战争，它只应具有实现这一目的所必需的一些权力。这包括对武装力量的垄断，批准和修订条约的权力，以及对国际争端进行裁决的权利。[2] 但是世界政府不应干涉成员国的内部事务，除非这是保证遵守条约所不可或缺的。同样地，国民政府也应该尽可能多地让权给郡议会，郡议会再让权给自治城镇和堂区议会。可以预料，在某些方面可能会有短期的效率损失，但是如果下属机构的职能足够重要，以至于大量有才干的人在成为这些机构的一员时能够得到满足的话，暂时的效率损失很快就会得到更多的补偿。

目前，人们非常普遍地将地方政府看作是富人和退休人员乐意待的地方，因为一般说来，只有他们才有闲暇为之出力。由于不能参与其中，年轻有为的男女很少有谁会对地方团体的事务感兴趣。要想改善这种状况，地方政府的工作就必须支付薪水，因为同样的理由已经使我们为议会议员们支付薪水。

无论一个组织是地理的、文化的还是意识形态上的，它总是有两种关系，和它自己成员的关系以及和外部世界的关系。一般说来，一个机构和它自己成员间的关系，只要不违反法律，都应该留给成员们自由决定。尽管一个机构和它成员间的关系应该由成员们来决定，但也仍然存在着一些原则，如果民主要名副其实，我们希望机构的成员记住这些原则。以大企业为例。社会主义者对资

① 堂区或行政堂区（parish），是英国乡村的基层行政单位，因为一般都有自己的教堂而得名。——译注

② 原文如此，想必在罗素看来，世界政府对国际间的争端进行裁决属于一种权利（right），而不是一种具有强制力的权力（power）。——译注

本主义的攻击或许过于专注于收入问题而不是权力问题了。当工业以国有化的形式转归国家所有时，可能仍然存在着像私人资本主义时代那样多的不平等，唯一的变化是，权力持有者现在是官员，而不是业主。在任何大型组织中都会存在比普通成员拥有更多权力的行政官员，这无疑不可避免，但是人们非常希望的是，权力的这种不平等不应大于它所绝对必要的程度，而尽可能多的主动性也应该分配给所有组织成员。在这方面，一本非常引人注目的书是约翰·斯佩丹·刘易斯先生的《所有人的合伙关系——过去34年的工业民主制实验》(*Partnership For All—A 34-year Old Experiment in Industrial Democracy*)。使这本书引人关注的，是它以一个人长期而广泛的实践经验为基础，而这个人把公共精神和大胆实验结合了起来。就经济方面而言，他使自己企业里所有工人都成为分享利润的合伙人，但是除了经济方面的这种创新之外，他还煞费苦心地使每个雇员都有一种自己能主动参与到整个企业管理中去的感觉，尽管我怀疑，以他的方法能否使我们走向我们应当趋向的工业民主。他还想出一种办法，使那些最有能力完成相关工作的人获得重要职位。有趣的是，可以看到他反对报酬均等的一些论据，不仅以从事困难工作的人应该得到较好收入为基础，而且——反过来——还以较高收入是更出色工作的动机为基础。他说，“如果以为能力以及运用能力的意志这二者都是数学家称作‘常数’的东西，而发生变化的只是工人作为回报而碰巧获得的收入，我想，这是大错而特错。不仅你竭尽全力的意志，而且你的实际能力，在很大程度上都取决于你所得的报酬。人们不仅因为有能力而获得高收入；他们有能力也同样是因为他们获得了高收入。”

这一原则比刘易斯赋予它的有着更广泛的适用性,它不仅适用于收入,也适用于荣誉和地位。我认为,实际上,增加薪水的主要意义在于提高地位。一个科学工作者,如果人们普遍认为他的工作是重要的,他将会从这种认可中得到激励,正像其他领域里的人会从加薪中得到激励一样。重要的事情实际上是满怀希望(hopefulness)以及一种乐观情绪(buoyancy),作为两次世界大战的结果,这种东西在欧洲已经变得非常匮乏。在传统自由放任的意义上,人们已经不再提倡企业自由,但是至关重要的是,仍然应该有发挥主动性的自由,而且有能力的人应该为他们的能力找到发挥的机会。

然而,这只是大型组织中讨人喜欢的事物的一个方面。另一个重要的方面在于,那些掌权者不应拥有对他人的、过于绝对的权力。几个世纪以来,改革者们反抗君主的权力,此后又着手反抗资本家的权力。但是在第二次抗争中,如果结果只是以官员权力取代资本家权力的话,那么他们的胜利将是徒劳的。当然也有一些实际的困难,因为官员们常常等不及民主过程那缓慢的结果就必须做出决策,但是一方面以民主的方式来决定总的政策路线,另一方面批评官员的行为却不必担心因此受罚却总是可能的。既然有能力的人天生喜欢权力,可以设想,在大多数情况下,官员们都希望拥有比他们本该拥有的更多的权力。因此,在每个大型组织里,就像在政治领域中一样,都需要民主监督。

组织与外部世界的关系是一个不同的问题。每当这些关系不能以友好协商的方式获得解决时,它们不应仅仅凭借权力——也就是说，凭借相关组织讨价还价的实力——来决定，而应该求助于一个中立的权威。这一原则不应该有例外，除非我们实现了一个一体化的世界，这个世界从此不再有对外的政治关系了。如果一场韦尔斯[①]式的世界大战是可能的，我们就需要一个星际权威。

国家间的差异，只要不造成敌对，我们决不应为此而感到痛惜。在外国待上一段时间，我们就会意识到我们自己国家所缺乏的那些长处，无论我们自己的国家是哪个国家，这都是真切的。这对一个国家中不同地区的差异，以及不同职业所造就的不同类型的人都同样适用。性格的整齐划一和文化的整齐划一是令人遗憾的。生物的进化取决于个体或者部落间先天的差异，文化的进化则取决于后天获得的差异。如果这些差异消失了，就不再会有任何可供选择的事物了。在现代世界里，确实有一种现实的危险，即一个地区和另一个地区在文化方面过于相近了。将这一不幸减到最小的最好办法之一，就是增加不同群体的自主性。

如果我是对的，那么应该用来掌控权威和主动性各自范围的一般性原则，也许可以根据构成人性的不同冲动来加以宽泛说明。一方面，我们有掌控自己拥有之物，并且（常常）想获得他人所有之物的冲动。另一方面，我们有创造的冲动，为世界奉献一些并不会有损他人的事物的冲动。这些冲动可能会采取像乡村花园这样低级的形式，或者也可能表现为像莎士比亚和牛顿那样的人类巅峰成就。宽泛说来，调整占有性冲动并依法控制它们属于政府的基

① 韦尔斯（1866—1946），英国科幻小说作家，作品有《时间机器》、《星际战争》等。——译注

本职能，而创造性冲动，尽管政府可以鼓励它们，却应该从个体或者群体的自主性中获得它们主要的影响。

和精神利益相比，物质利益更大程度上是一个占有问题。一个人吃了一份食物，其他人就无法吃到它，但一个人写作或者欣赏一首诗歌，却不会阻止另一个人写作或者欣赏同样优美或者更优美的一首诗歌。这就是为什么，在涉及物质利益的时候，公正是重要的，而对精神利益来说，所需要的则是机会以及使成功的希望看起来合理的环境。激励有能力从事创造性工作的人的，并不是巨大的物质回报；几乎没有诗人或者科学人士发过财或者想要发财。苏格拉底是被当权者处死的，但是在最后一刻他仍然保持着完全的平静，因为他已经完成了他的使命。如果他有各种名声，却被妨碍去做自己的工作，他将会觉得自己受到了非常严厉的惩罚。在一个当权者控制了所有宣传手段的铁板一块的国家里，一个具有突出原创力的人可能会遇到一种更糟糕的命运：无论他是否屈从于法律的惩罚，他都不可能使他的观念为人所知。如果在一个社会里发生这种事情，这个社会就不再能够为人类的共同生活贡献任何有价值的东西了。

对贪婪或者掠夺性冲动的控制是绝对必要的，由此，国家，甚至是世界国家，就是生存所必需的。但是我们不能仅仅满足于活着而没有死去；我们希望幸福快乐、充满精力并富于创造力地活着。就此而言，国家能够提供一部分必要的条件，但是在追求安全的过程中，只有当它并未扼杀那些赋予生活以滋味和意义、并且在很大程度上没有被控制的冲动时，这才有可能。个人生活仍然有它适当的位置，也不必过于完全屈从于大型组织的控制。在一个现代技术所创造的世界里，防范这种危险是极为必要的。

第六讲　个人伦理与社会伦理

在这最后一讲里，我想做两件事。首先，简要地重述前面几讲得出的结论；其次，把社会政治学说和一个人用以指导他私人生活的个人伦理联系起来，以及在经历了我们已经认识到的那些不幸和我们承认的那些危险之后，对人类并不太遥远的未来，仍然抱以——就像从我们的研究里得出的那样——某些高尚的希望，对我来说，我相信基于对各种可能性的清醒估计，这些期望是可以被证明为正确的。

先来简要重述。概而言之，我们已经区分了社会活动的两个主要目的：一方面，安全和公正需要集中的政府控制，这种控制要想有效的话，就必须扩展至建立起一个世界政府。进步，则相反，需要为与社会秩序相容的个人主动性提供最大的空间。

尽可能保证实现这两个目的的方法是**权力下放**。在与防止战争无关的一切事情上，世界政府必须给国家政府留以自由；国家政府则必须给地方权力机构留下尽可能多的空间。在工业方面，我们一定不要以为，有了国有化，所有问题就都解决了。一个大的工业——比如铁路——应该有很大程度的自治(self-government)；在国有化工业里，雇员和国家的关系不应该是他们以前和私人雇主关系的纯粹复制。和舆论有关的每件事情，比如报纸、书籍和政治宣传，都必须允许真正的竞争，并且要小心防范政府的控制，以及任何其它的垄断形式。但是这种竞争必须是文化和思想上的，而不是经济上的，更不能是军事上的或者借助于刑法的。

在文化问题上，多样性是进步的一个条件。对国家有着特殊独立性的团体，比如大学和学术社团，在这方面拥有巨大价值。然而不幸的是，人们看到，就像在今天的俄国，在那些对科学一无所知、却能够并且乐于使用经济和治安力量来推行他们种种荒唐决定的政客的命令下，科学人士被迫发表蒙昧主义的胡言。这种可悲的景象只能通过把政客们的活动限制在人们认为他们可以胜任的范围之内来防止。他们不应擅自决定什么是好的音乐、好的生物学或者好的哲学。无论过去、现在还是将来，我都不希望，在这个国家里，这些问题要由哪个首相的个人喜好来决定，即使碰巧他的喜好确实是完美无缺的。

我现在来谈谈和社会政治制度问题相对的个人伦理问题。没有人是完全自由的，也没有人完全是奴隶。一个人要想有自由，他就需要个人道德来指导他的行为。有些人会说，一个人只需要遵守他所在社会公认的道德规范。但是我认为，任何人类学的研究者都不会满足于这样的答案。像吃人肉、用人献祭和猎取头颅等习惯，作为道德上反对传统道德看法的结果，已经消亡了。一个人如果真的想过他可能过上的最好生活，他就必须学会批判在他的邻人中被普遍接受的那些部落习俗和部落信念。

但是在谈到一个人因为良心的原因而背离他所属的社会认为是正确的事情时，我们必须在习惯的权威和法律的权威之间做出区分。为一个非法行为辩护，比为一个只是触犯传统道德的行为辩护，需要更强有力的根据。原因在于，尊重法律，是任何还算过得去的社会秩序的存在所必不可少的一个条件。当一个人认为某项法律是不好的时候，他有权利，并且也许有责任去努力改变它，但只是在很少的情况下，他破坏法律才是正当的。我并不否认，在某些情形下，破坏法律也是一种责任：当一个人深信遵从是一种罪恶的时候，破坏法律就成了一种责任。这包括出于良心而拒绝服兵役者的情形。即使你非常确信他是错误的，你并不能说他不应该按照他的良心指示来行事。如果立法者是明智的，他们在制定法律时，会尽可能避免迫使有良心的人在罪恶（sin）和法定之罪（what is legally a crime）之间做出抉择。

我认为，同样必须承认的是，在某些情形下，革命也可以被证明是正当的。存在着这样一些情形，即法定政府是如此恶劣，以至于尽管有陷入无政府状态的风险，也值得以武力来推翻它。这种风险是非常现实的。值得注意的是，最成功的一些革命——1688年英国的以及1776年美国的革命——是由对法律深怀敬意的人完成的。如果没有这种敬意，革命就容易导致无政府状态或者专制。因而遵从法律，尽管不是一项**绝对的**原则，也是一项必须被高度重视的原则，只有在很少的情况下，在深思熟虑之后，才允许存在例外。

这些问题把我们引向了伦理学中的一种深刻的两重性，不管多么复杂，都要求我们去认识它。

在整个有文字记载的历史上，伦理信念一直有两个非常不同的来源，一个是政治的，另一个则涉及个人的宗教和道德信念。在《旧约》里，这两者似乎是完全分离的，一个是律法，另一个则是先知预言。中世纪里，在由统治集团反复灌输的官方道德和伟大的神秘主义者教导并践行的个人神圣性之间存在着同样的区分。个人和公民道德的两重性仍然存在着，这是任何完善的道德理论都必须考虑的问题。没有公民道德，社会将灭亡；没有个人道德，他们的存在将毫无价值。因此对一个美好的世界来说，公民和个人道德都同样是必不可少的。

伦理学并不**仅仅**和我对邻人的责任相关，无论这种责任是多么正当地被构想出来的。公共责任的承担并不构成美好生活的全部内容；还存在着对个人价值(excellence)的追求。尽管人类部分是社会性的，但是却并不是完全如此。人类有各种思想、情感和冲动，这些思想、情感和冲动可能明智也可能愚蠢，可能高尚也可能卑鄙，可能充满爱意也可能受仇恨激发。如果他的生活要想变得还可以忍受的话，这些思想、情感和冲动中较好的一面就必须有发挥的空间。因为尽管在孤独中很少会有人幸福，但是在一个不容许任何个人行动自由的社会里，更没有人会幸福。

个人价值，尽管很大部分存在于对他人的正当行为当中，但也仍然有其他方面。如果你因为琐碎的消遣而忽略了你的职责，你会感到良心上的谴责；但是如果你一时为美妙的音乐或者美好的落日吸引，你回来时并不会有羞愧感，也不会觉得虚度了光阴。危险的，倒是听任政治和社会责任过于彻底地支配了我们关于个人价值的观念。我正力图表达的，尽管并不依赖于任何神学信仰，但是和基督教信仰却是非常协调一致的。苏格拉底和使徒们[①]告诉

① 原文为 the Apostles，首字母大写的 the Apostles 一般指耶稣的十二门徒。——译注

我们应该服从神而不是服从人,《福音书》对于爱上帝和爱邻舍则是一样地强调。[①] 所有伟大的宗教领袖,以及所有伟大的艺术家和富于才智的发明家,都显示出一种要实现他们创造性冲动的道德强迫感(a sense of moral compulsion),以及当他们已经实现这些冲动时的道德提升感(a sense of moral exaltation)。这种情感是《福音书》所宣称的对上帝的职分(duty to God)的基础,并且是(我再说一遍)可以和神学信仰分离的。我对邻舍的职分,无论我的邻舍怎样设想它,并不是我的职分的全部。如果我有一种出于良心的深刻信念,认为我应该不顾政府当局的谴责做自己认为正确的事,我就应该遵从我的信念。反过来,社会则应当给我自由让我遵从自己的信念,除非有许多非常有力的理由来剥夺我的自由。

然而,并不是只有为责任感所激发的行为才应该免于过度的社会压力。艺术家或者科学发明家也会做最有社会效益的事情,但是仅仅出于责任感,他不可能做好自己的本职工作。他必须有一种作画或者发明的自发冲动,否则,他的画将毫无价值,他的发明也将无足轻重。

我认为,个人行为领域在道德上并不低于社会责任领域。相反,一些最好的人类活动,至少在感觉上是私人的,而非社会的。就像我在第三讲里所说的那样,先知、神秘主义者、诗人、科学发明家都是一些以洞察力来支配自己生活的人;他们在本质上都是孤独的人。当他们主导性的冲动很强烈的时候,如果权威和他们深

① 参见《圣经·马太福音》,第 22 章第 37—40 节;《圣经·马可福音》,第 12 章第 29—31 节;《圣经·路加福音》,第 10 章第 27 节。这里的邻舍不可狭义地理解为“邻居”,而应宽泛地理解为“世人”。——译注

信为正确的事情背道而驰，他们会觉得自己不能服从权威。尽管由于这个缘故，他们在自己的时代常常遭到迫害，但是在所有人当中，他们却可能成为后世致以最崇高敬意的人。正是这些人将我们最珍视的东西带到世上，不仅在宗教、艺术和科学方面，而且在我们对待邻人的情感方式方面，因为社会责任感的进步，正像其他所有事情一样，在很大程度上应归于这些思想和情感并不屈从于群体支配的孤独者们。

人类生活要想不变得乏味和无趣，就应认识到有些事物所具有的价值完全不取决于其有用性。一个事物有用，是因为它是其他事物的手段，但是其他事物，如果反过来并不仅仅是手段的话，就必须因为它自身的缘故而被珍视，因为否则的话，有用性就是虚假的了。

在手段和目的之间达到适当平衡，既是困难的，也是重要的。如果你关注于强调手段，你可能会指出，文明人和原始人、成年人和孩子、人与兽之间的差别，很大程度上在于对行为中目的和手段的重视不同。文明人会为自己的生命保险，原始人则不会；成年人刷牙是为了防止蛀牙，孩子则不然——除非受到强迫；人类在地里劳作，以便为冬天准备食物，动物则不会。深谋远虑——包括为了未来的快乐而在眼下做各种令人不快的事情——是精神进步最本质的标志之一。因为深谋远虑并不容易，并且需要控制冲动，道德家们才强调它的必要性，并且强调眼下牺牲的美德甚于强调事后报偿的快乐。你必须正确行事，因为那是正确的，而不是因为它是通往天堂之路。你必须节俭，因为所有明智的人都这样做，而不是因为你可能最终获得一笔使你能够享受生活的收入。诸如此类。

但是强调目的甚于手段的人可能会提出相反的、但同样正确的论点。一个上了年纪的富商由于年轻时操劳过度而消化不良，以至于他那些无忧无虑的客人大吃宴席的时候，他吃的却只是干面包，喝的只是白水，看到这样的情形是令人同情的；他在整个漫长的操劳岁月里一直期待着财富能带来快乐，但他却不知道快乐在哪里，他唯一的快乐就是用财产权来迫使他的儿子也屈从于一种类似的徒劳无益的苦差事。守财奴，对手段的专注是病态的，人们普遍认为他们是不明智的，但是较轻的相同病态表现却往往会受到不恰当的赞誉。如果没有意识到目的的存在，生活会变得沉闷无趣和黯淡无光；最终，对刺激的需要会过于频繁地在战争、残忍、阴谋或者其他一些破坏性的活动中，比它在相反情况下本该的那样，找到更糟糕的发泄出口。

有些人自称是“讲求实际的”人，他们多半只专注于手段。但是他们的聪明只有一半。如果我们考虑和目的相关的另一半时，经济过程和整个人类生活就会呈现出全新的面貌。我们不再询问：生产者生产了什么，消费使消费者去生产什么？相反，我们会追问：在消费者和生产者的生活中，是什么使他们快乐地生活呢？他们的所感所知或者所作所为能够证明他们的创造是正当的吗？他们是否体验到了新知识的光荣？他们懂得友谊和爱情吗？他们是否能融入阳光、春意和花香里？他们是否感受到了淳朴的社会在歌舞之中所表达出来的生活的喜悦呢？有一次，在洛杉矶，有人带我去看一些墨西哥侨民，人们告诉我，他们是闲散的游民，但是在我看来，他们似乎更多地享受着生活，把生活看作是一种恩赐，而那些带我游览的人却辛苦工作，着急操心，似乎生活是命中注定应该受到诅咒的。然而，当我试图解释这种感受的时候，脑子却一片空白，完全丧失了理解力。

人们并不总是记得，政治、经济和社会组织一般说来应归入手段的范围，而不是目的的范围。我们的政治和社会思想很容易陷入所谓的“管理者谬误”，我用这个词来指一种把社会看成是一个有系统的整体的习惯，如果这个社会能够令人愉快地被规划成一种有秩序的模式，一个各部分都能很好相互契合的、安排得当的有机体，那么人们就认为这个社会是好的。但是一个社会的存在不是为了满足，或者至少不应该为了满足一种外在的观感，而是要把一种优良的生活带给组成它的那些个体。正是在个体身上，而不是在整体里，我们才能找到终极的价值。好的社会是给社会成员带来好生活的手段，而不是由于自身的缘故而具有某种独立价值的东西。

当我们说国家是一个有机体时，所用的是一种比拟，但如果不能认识到比拟的局限性的话，那么它可能就是危险的。在严格意义上，人类和高等动物都是有机体：凡是发生在一个人身上的善或者恶，都是发生在作为个体的**他**身上的，而不是发生在他这个或那个部位上。如果我牙痛，或者脚趾痛，感到痛的是**我**，如果没有神经连着我大脑的相关部位的话，这种疼痛就不会存在。但是当一个赫里福郡[①]的农夫遭遇到暴风雪的时候，感到寒冷的并不是伦敦政府。这就是为什么只有个体的人才是善恶的承受者，而一个人身上的任何独立部位或者任何人的集合都不是善恶的承受者的

① 赫里福郡是威尔士边境上的一个英格兰旧郡，以产梨和苹果著称。——译注

原因。若认为在不同个体的善恶之外，人类集体也有善恶，那就错了；而且，这是一个直接导致极权主义的错误，从而是危险的。

在哲学家和政治家中，有些人认为，国家具有自身的价值，而不仅仅是实现公民福祉的手段。我找不出任何理由赞同这一观点。“国家”是一种抽象物；它并不会感受到痛苦或者快乐，它没有任何希望或者恐惧，我们认为是国家目的的那些东西，实际上是掌控国家的那些个人的目的。当我们具体地而不是抽象地思考的话，我们就会发现，特定的某些人取代了“国家”，他们拥有的权力比大多数人所享有的要多得多。由此，对“国家”的赞颂实际上变成了对少数统治者的赞颂。没有哪个民主派能容忍这样一种从根本上来说不公正的学说。

还有另外一种伦理学说，在我看来，也同样是不适当的；这是可以称之为“生物学的”理论，尽管我并不是要表明它是生物学家持有的理论。这种观点源于对进化的思考。该理论认为，生存斗争已经慢慢导致了越来越复杂的有机体，而（迄今为止）人类则达到了一个顶峰。根据这种看法，生存，或者更准确地说，自己所属物种的生存是最高目的。如果该理论是正确的，那么凡是能够使地球上人口增长的东西，就应被看作是“善的”，而凡是使人口减少的东西则应被看作是“恶的”。

我找不到任何理由来证明这样一种机械的、并且带有算数性质的观点。要找到一亩地，这亩地里的蚂蚁超过整个世界上的人口，这并不难，但我们并不能因此承认蚂蚁具有更高的价值。难道有人宁愿生活在肮脏和贫困的众多人口当中，而不愿过一种人口较少而充满舒适的幸福生活吗？

固然，生存是其他一切事情的必要条件，但生存只是那些有价值的事物的一个**条件**，并且可能并不会因为自身的缘故而具有价值。在现代科技创造的世界里，大量的管理是生存所需要的。但是赋予生存以价值的，必定主要来自于政府之外的那些源泉。协调好这两种对立的要素一直是我们在探讨的问题。

现在来总结一下我们讨论过的各种线索，并且回忆一下我们时代的所有危险，我想重申某些结论，并且着重阐释我认为我们有合理的根据去怀有的那些希望。

从古希腊时代开始，在那些极其关注社会凝聚力的人和那些侧重于个人主动性的人之间，就一直有一种长期的较量。在每一种这样长期的争论中，双方肯定都有正确的地方；很可能并没有一种明确的解决办法，充其量也只是一种包含了各种调整和妥协的办法。

就像我在第二讲里指出的，在整个人类历史上，极度的无政府状态时期和过于严厉的政府控制时期一直存在着交替起伏。在我们的时代，(到目前为止)除了在世界政府的问题上，总是有过多的对权威的癖好，而对保护主动性则总是关注得太少。掌控大型组织的人的看法往往过于抽象，往往会忘记现实中的人喜欢的是什么，并往往试图让人去适应制度而不是让制度来适应人。

我们高度组织化的社会往往缺乏自发性，这和冷漠的政府当局对广大地区的过度控制是分不开的。

分权所带来的一个好处是，它为希望以及具体表达希望的个人活动提供了新的机遇。如果我们的政治思想全都关注于世界性灾难所产生的各种大问题和大威胁的话，我们就很容易变得绝望。

对战争的担心，对革命的担心，对倒退的担心，都可能随你的性情和党派偏见而困扰你。除非你是极少数强有力的个体之一，否则你很可能会感到自己对这些巨大的问题无能为力。但是在一些较小的问题上，比如和你的城镇、你的工会或者你的政党的地方支部相关的问题，你却能指望施加有效的影响。这将产生出一种乐观精神，要想找到一种成功处理那些更大问题的办法，就非常需要这种乐观精神。战争、短缺以及银根紧缩已经导致了几乎带有普遍性的疲劳症，并且使希望变得黯淡和渺茫。成功，即使最初只是在小范围里，对这种悲观厌倦情绪也是最好的补救。而成功，对大多数人来说，意味着解决我们的问题，以及能够从容地关注那些大得让人绝望的问题。

这个世界已经成为教条主义政治信念的牺牲品，在我们的时代，这些信念中最强大的是资本主义和共产主义。我认为，以教条的和绝对的形式，它们中的任何一个都不能为那些可预防的不幸提供一种补救。资本主义把发挥主动性的机会给了少数人；共产主义则（尽管它实际上并没有）为所有人提供了一种奴性的安全。但是如果人们能够摆脱过于简单的理论的影响以及它们引发的斗争的话，那么就有可能通过明智地使用科学技术，为所有人提供机会和安全。不幸的是，我们的政治理论比我们的科学更缺乏才智，我们还没有学会怎样利用我们的知识和技能来最大限度地使我们的生活幸福，甚至光辉灿烂。压抑人类的并不只有战争的经历和恐惧，尽管这也许是我们时代所有不幸中最大的不幸。我们同样也被一种巨大的非人力量压抑着，这种力量控制着我们的日常生活，使我们尽管在法律上不再是奴隶，却仍然是环境的奴隶。情况并不非得如此。这种情况产生于对虚假神明的崇拜。精力旺盛的人崇拜权力而不是质朴的幸福和友情；精力不那么旺盛的人则默认现状，或者被对痛苦来源的错误判断所蒙蔽。

自从人类发明了奴隶制，有权势的人就以为，他们的幸福可以通过给他人造成痛苦来获得。慢慢地，随着民主的发展，以及随着基督教伦理在近现代应用于政治和经济，一种比奴隶主的理想更好的理想已经开始流行，对公正的主张今天也得到了以前从未有过的承认。但是在通过精心构建的制度来追求公正的过程中，我们一直面临着一种危险，即忘记只有公正是不够的。日常的快乐、无忧无虑的时光、冒险以及从事创造性活动的机会，至少在带来一种人们感到值得过的生活方面，和公正是同样重要的。和悲喜交替相比，千篇一律可能更令人死气沉沉。那些设计行政改革和社会改进方案的人，大都是不再年轻的一本正经的人。他们常常忘记，对大多数人来说，自发性和某种个人的自豪感都是幸福所不可缺少的。伟大征服者的那种自豪，不是一个管理良好的世界所能容许的，但是艺术家、发明家、一个把荒野变为花园或者给某个地方带来幸福的人（如果不是他，这里仍然处于痛苦之中）也会感到自豪，这种自豪则是好的，我们的社会体制应该使之不仅对少数人，而且对于大多数人来说都是可能的。

很久以前推动我们原始祖先的狩猎和战斗活动的本能需要一个发泄出口；如果这些本能找不到其他发泄出口的话，它们会变成仇恨和由于事事受阻而心生的怨恨。然而，对这些本能来说，有许多无害的发泄出口。对于战斗，可以用竞争和剧烈的运动来取代它；对于狩猎，则可以用冒险和发明创造的乐趣来取代它。我们一定不要忽视这些本能，但我们也没有必要为它们遗憾；它们不仅是坏事的源泉，而且也是人类最伟大成就的源泉。当安全已经实现的时候，对寻求人类福祉的人来说，最重要的任务，既不是为这些古老而强大的本能仅仅找到抑制的方法，也不是找到会造成破坏的发泄出口，而是尽可能多地找到能给人类生活带来欢乐、自豪和荣耀的发泄出口。

在人类发展的整个时期，人类时常遭受两种苦难：由外部自然界施加的苦难，以及人类错误地彼此施加的苦难。起初，那些最糟糕的不幸都可以归因于环境。人类曾是稀有物种，其生存并不安全。若没有猴子的机敏，没有毛发覆盖，人类很难逃脱野兽的侵袭，在世界上大多数地区也无法忍受冬天的严寒。他只有两种生物学上的优势：直立的身体姿势解放了他的双手，智力则使他能传授经验。慢慢地，这两种优势赋予了他至上的地位。人类数量的增长超过了其他任何大型哺乳动物。但是大自然仍然能通过洪水、饥荒和瘟疫，并通过迫使大多数人不得不为了获取每天的食物而不停辛苦劳作来展示她的力量。

在我们自己的时代，作为科学才智发展的结果，外部自然界对我们的束缚正迅速减少。饥荒和瘟疫仍然会发生，但我们一年比一年更加清楚地知道应该做什么来预防它们。辛苦的劳作仍然是必需的，但这只是因为我们不够明智：如果有和平与合作，我们依靠非常适度的劳作就足以生存。依靠现有的技术，只要我们愿意运用聪明才智，我们就能免受外部自然界很多古老的束缚。

但是人类彼此施加的不幸却并没有在同等程度上减少。仍然有战争、压迫以及骇人听闻的残忍行径，贪婪的人也仍然从不如他们那么有技能或者不像他们那么残忍的人那里攫取财富。权力欲仍然造成了大量暴政，或者当它无法采取更公然的形式时，则仅仅造成妨害。恐惧——内心深处的、几乎没有意识到的恐惧——在很多人的生活里仍然是主要的动机。

所有这一切都不是必然的；人性中没有什么东西使这些不幸不可避免。我想尽可能地强调重申，我完全不赞成一些人的意见，这些人从我们好斗的冲动推断出，人性需要战争以及其他破坏性的冲突形式。我坚信的恰恰是与之相反。我认为，好斗的冲动有其重要的作用可以发挥，而我们也能大大减少它们的各种有害形式。

只要不畏惧贫困，占有的贪欲就会减少。权力欲能够以很多对他人无害的方式来加以满足：通过由发明和发现所带来的对自然的影响力，通过创作各种令人钦佩的书籍或者艺术品，或者通过成功的说服。精力以及想要有所作为的愿望如果能够找到正确的发泄出口，获得就是有益的，否则的话，就是有害的——就像蒸汽，既能驱动火车，也能炸裂锅炉。

我们从外部自然束缚下精力以及想要有所作为的愿望的解放，已经使一种比迄今为止存在过的、更大程度的人类福祉变得可能。但是要实现这种可能性，就必须让人们在所有肯定无害的方面自由发挥主动性，并且要鼓励会使人类生活变得丰富多彩的各种形式的主动性。通过使人驯服和胆怯，我们不可能建立一个美好的世界，而是要通过鼓励他们勇敢大胆、敢于冒险和无所畏惧来创立一个美好世界——对他们的同胞加以伤害的情形除外。在我们存在的世界上，善的可能性几乎是无限的，而恶的可能性也恰是如此。造成我们目前困境的不是别的,更多的是这样一个事实,即我们学习理解和控制外在于我们的自然力量已经到了可怕的程度,但是却没有学会理解和控制那些体现在我们自己身上的东西。自我控制始终是道德家的一句口号,但是在过去,它一直是一种没有被理解的控制。在这些演讲里,我一直寻求对人类的需要做出一种理解——这种理解比大多数政治家和经济学家所认为的要更宽泛,因为只有通过这样一种理解,我们才能找到实现希望的道路,尽管我们的愚蠢行为很大程度上挫伤了这些希望,我们的技能却已经使我们能够实现它们。

罗素作品译名对照表

（仅限于本书中出现的作品，
按中文译名的汉语拼音次序排列）

《布尔什维主义的实践和理论》(*The Practice and Theory of Bolshevism*, 1920)

《对莱布尼兹哲学的批评性解释》(*A Critical Exposition of the Philosophy of Leibniz*, 1900)

《工业文明的前景》(*The Prospects of Industrial Civilization*, 1923)

《婚姻与道德》(*Marriage and Morals*, 1929)

《教育和社会秩序》(*Education and the Social Order*, 1932)

《科学世界观》(*The Scientific Outlook*, 1931)

《论几何学基础》(*An Essay on the Foundations of Geometry*, 1897)

《论教育》(*On Education*, 1926)

《罗素自传，1944—1967》(*The Autobiography of Bertrand Russell 1944—1967*, London, 1969)

《权力论》(*Power*, 1938)

《数学原理》(*The Principles of Mathematics*, 1903)

《数学原理》(*Principia Mathematica*, 1910—1913)

《数学哲学导论》(*An Introduction to Mathematical Philosophy*, 1919)

《我相信什么？》(*What I Believe?*, 1925)

《西方哲学史》(*History of Western Philosophy*, 1945)

《心的分析》(*The Analysis of Mind*, 1921)

《伊卡罗斯》(*Icarus*, 1924)

《用什么方法去争取和平？》(*Which Way to Peace？*，1936)
《原子初步》(*The ABC of Atoms*，1923)
《哲学概要》(*Outline of Philosophy*，1927)
《哲学问题》(*The Problems of Philosophy*，1912)
《中国问题》(*The Problem of China*，1922)
《自由与组织 1814—1914》(*Freedom and Organization 1814—1914*，1934)
《自由之路》(*Roads to Freedom*，1918)

译名对照表

（按中文译名的汉语拼音次序排列）

A

阿伯克龙比 Abercrombie
阿基里斯 Achilles
阿拉斯代尔·巴肯 Alastair Buchan
阿那克萨哥拉 Anaxagoras
阿瑟·科斯特勒 Arthur Koestler
阿提拉 Atilla
阿兹特克 the Aztec
艾德礼 Attlee
艾略特 T. S. Eliot
安全 security
奥菲斯教团体 the Orphic communities
奥古斯都 Augustus
奥克尼群岛 the Orkney

B

巴比伦 Babylon
巴布亚新几内亚的猎头土著 Papuan head hunters
巴枯宁 Bakunin
柏拉图 Plato
保护 conservation
贝温努托·切利尼 Benvenuto Cellini
“毕格尔”号 Beagle（可意译为“小猎犬号”）
比利牛斯山 the Pyrenees
波斯 Persia
伯纳德·洛福尔 Bernard Lovell
伯纳姆 Burnham
伯特兰·罗素 Bertrand Russell

C

查士丁尼 Justinian
成吉思汗 Jenghiz Khan
《出埃及记》Exodus
出于良心而拒绝服兵役者 the conscientious objector

D

达尔文 Darwin
大众智囊节目 the popular Brains Trust programme

F

法拉第 Faraday
法西斯主义 fascism
腓尼基人 the Phoenician
佛罗伦萨 Florence
佛罗伦萨人 Florentine
伏尔泰 Voltaire
弗里德里克·科普斯顿 Frederick Copleston
福莱 H. K. Fry
福雷亚·斯塔克 Freya Stark
福音书 the Gospels

G

甘地 Gandhi
干旱尘暴区 the Dust Bowl
高卢人 Gaul
哥特人 Goths
个人主动性 individual initiative
宫廷诗人 a Court poet
功用,效用 utility
公正,正义 justice
寡头政治 oligarchy
“管理革命” Managerial Revolution
“管理者的谬误” administrator's fallacy
官僚作风 red tape
桂冠诗人 Poets Laureate
国家社会主义 State Socialism
国有化 nationalisation

H

荷马 Homer
赫布里底群岛 Hebrides
赫里福郡 Herefordshire
黑暗时代 the Dark Ages
亨利二世 Henry II
胡格诺教徒 Huguenot
霍尔丹 J. B. S. Haldane

J

基德船长 Captain Kidd
吉福德讲座 Gifford Lectures
集体自利感 sense of collective self-interest
间接控制 remote control
杰斐逊 Jefferson
节礼日 Boxing Day
《旧约》 the Old Testament
巨石阵 Stonehenge
君主制 monarchy
郡县议会 County Councils

K

卡尔·波普 Karl Popper
卡文迪许 Cavendish
柯克·威利斯 Kirk Willis
科林斯人 Corinthian
克劳印第安人 the Crow Indians
昆斯伯里(侯爵)规则 (Marquess of) Queensbury rules

L

拉瓦锡 Lavoisier
劳动联营 labour pool
劳里 R. Lowrie
里斯讲座 the Reith Lectures
列宁 Lenin
鲁宾逊 Robinson
罗马军团 the legions
罗纳德·W. 克拉克 Ronald W. Clark
洛克菲勒 Rockefeller

M

马克思 Marx
马其顿 Macedonian
曼彻斯特 Manchester
“美国生活方式”“The American Way of Life”
美索不达米亚 Mesopotamia
孟德尔 Mendel
弥尔顿 Milton
摩根 Pierpont Morgan
墨索里尼 Mussolini

N

拿破仑 Napoleon
尼罗河 the Nile
尼尼微 Nineveh
牛顿 Newton

P

帕特丽夏·罗素 Patricia Russell
帕特农神庙 Parthenon

Q

乔治·奥威尔 George Orwell
权力集中 centralisation
权力下放 devolution

R

“人权” rights of man

S

三一学院 Trinity College
沙皇尼古拉 the Czar Nicholas
莎士比亚 Shakespeare
设得兰群岛 the Shetland Islands
设菲尔德 Sheffield
社会凝聚力 social cohesion
圣劳伦斯河通航水路 St Lawrence Water Way
十诫 the Ten Commandments
实用昆虫学 economic entomology
斯巴达 Sparta
斯宾诺莎 Spinoza
斯达汉诺夫方法 Stakhanovite methods
斯多葛派 the Stoics
苏格拉底 Socrates

T

《泰晤士报》The Times
特里维廉 G. M. Trevelyan
《天方夜谭》the Arabian Nights

田纳西河流域管理局 Tennessee Valley Authority
陀思妥耶夫斯基 Dostoevski

W

汪达尔人 Vandals
威尔士 Wales
威尼斯人 Venetian
韦尔斯式的 Wellsian(H. G. Wells)
维吉尔 Virgil
文官体制 a Civil Service
沃格特 Vogt
巫医 medicine man

X

希洛人 Helots
希耶纳城 Siena
乡村议会 parish councils
小宫廷(德国)the petty Courts of German
薛西斯 Xerxes

Y

亚伯拉罕·林肯 Abraham Lincoln
亚历山大 Alexander(亚历山大大帝 Alexander the Great)
亚瑟·基思爵士 Arthur Keith
亚瑟王 King Arthur
扬 J. Z. Yong
“野蛮正义” wild justice
意大利文艺复兴 the Italian Renaissance
吟游诗人 bard
印加帝国 the Inca
英国广播公司 BBC(英国广播公司董事会 the Board of Governor of the BBC)
英国外交部 the Foreign Office
英国议会 the British Council
尤利乌斯·恺撒 Julius Caesar
约翰·里斯 John Reith
约翰·罗素 John Russell
约翰·塞巴斯蒂安·巴赫 Johann Sebastian Bach
约翰·斯佩丹·刘易斯 John Spedan Lewis
约翰·斯图亚特·密尔 John Stuart Mill

Z

詹姆斯·吉尔斯比 James Gillespie
中立运动 the neutrality campaign
“主体自由” liberty of the subject
自发性 spontaneity
自由放任 *laissea-faire*
自治城镇 Borough
自主权,自主性 autonomy
佐治亚大学 University of Georgia

译 后 记

个人主动性是社会进步与发展所必需的，社会凝聚力则是人类生存和稳定所必需的，然而二者始终存在着巨大的紧张，并突出地表现为权威与个人的冲突，如何处理好二者的关系也就成了现代社会政治理论的重要论题。罗素的这本小书是他在英国广播公司六次演讲的结集，尽管这些演讲发表于 20 世纪 40 年代，但是由于它们所处理的主题本身具有永恒的性质，因此对今天仍然有重要参考价值。

本书的翻译自始至终得到了商务印书馆徐奕春老师的指导和帮助，他对翻译和编辑工作的严格认真让人敬佩乃至于敬畏，他对后学的盛情高谊更让人感动。正是听取了他的建议，大家见到的这个译本才少了许多刻意的矫饰，而有了更多的直白。

妻子黄晓慧通读了译稿，并在遣词造句方面提供了许多帮助；导师张桂琳女士一直关注本书的进展；挚友香港浸会大学的韩思艺、浙江财经大学的陈林林、远在加拿大求学的薛松曾就文中的一些疑难问题给予了有益的帮助；师弟周建明通读了全书译稿。

本书在翻译过程中参考了肖巍先生的译本（但本书中由柯克·威利斯撰写的《导言》是该译本没有的），罗素著作的译名则参考了商务印书馆出版的《罗素自传》，在此谨表谢忱。

这样一本小书，却先后经过了五次“冷处理”和“热加工”，译者唯愿能忠实表达原意，但即便如此，译文中不妥之处定然难以避免，不当之处，还望方家指正。（译者电子邮件：chuzhiyong@126.com）。

2006年9月初　译毕
2007年12月底　五校毕
京郊·昌平·军都山下

图书在版编目(CIP)数据

权威与个人/(英)伯特兰·罗素著;储智勇译.—北京:商务印书馆,2017
(汉译世界学术名著丛书:120年纪念版:珍藏本)
ISBN 978-7-100-14758-3

Ⅰ.①权… Ⅱ.①伯… ②储… Ⅲ.①哲学理论—英国—现代 Ⅳ.①B561.54

中国版本图书馆CIP数据核字(2017)第158502号

汉译世界学术名著丛书
(120年纪念版·珍藏本)
权威与个人
〔英〕伯特兰·罗素 著
储智勇 译

商 务 印 书 馆 出 版
(北京王府井大街36号 邮政编码100710)
商 务 印 书 馆 发 行
北京市十月印刷有限公司印刷
ISBN 978-7-100-14758-3

2017年12月第1版 开本710×1000 1/16
2017年12月北京第1次印刷 印张7
定价:35.00元